3056

BIBLIOTHÈQUE INTERNATIONALE DE L'ART
Publiée sous la direction de M. PAUL LEROI

# DE
# LA DÉCORATION
## APPLIQUÉE AUX ÉDIFICES

PAR

## EUG.-EM. VIOLLET-LE-DUC

TROISIÈME ÉDITION

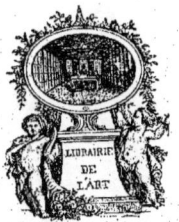

PARIS
LIBRAIRIE DE L'ART
G. PIERSON et Cie
8, BOULEVARD DES CAPUCINES, 8

BIBLIOTHÈQUE INTERNATIONALE DE L'ART
Publiée sous la direction de M. PAUL LEROI

# DE LA DÉCORATION

## APPLIQUÉE AUX ÉDIFICES

PAR

EUG.-EM. VIOLLET-LE-DUC

TROISIÈME ÉDITION

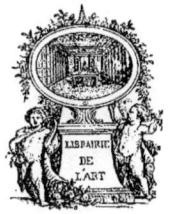

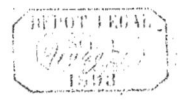

PARIS
LIBRAIRIE DE L'ART
G. PIERSON ET Cie
8, BOULEVARD DES CAPUCINES, 8

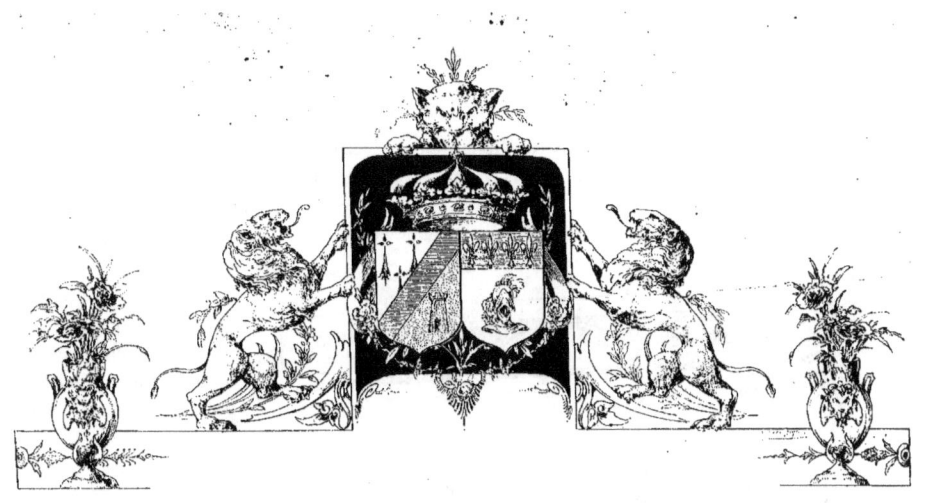

# DE LA DÉCORATION APPLIQUÉE AUX ÉDIFICES

I

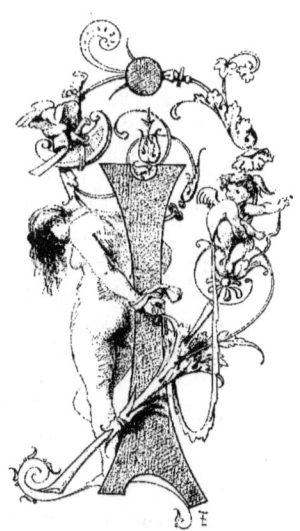

Ł est une locution moderne qui me paraît fausse de tous points : *les Arts décoratifs*. Qu'entend-on par là ? Où commencent et où finissent les arts décoratifs. Les métopes du Parthénon, la voûte de la Sixtine appartiennent-elles à l'art décoratif puisque ces œuvres sont incontestablement des œuvres d'art et qu'elles sont destinées à décorer des édifices, soit à l'extérieur, soit à l'intérieur ? L'œuvre d'art cesse-t-elle d'être décorative quand elle est isolée et qu'elle n'est pas dépendante d'un monument, comme est un tableau ou une statue dont la place n'est pas désignée d'avance et qu'on peut mettre indifféremment dans un salon, une galerie, un boudoir ?

*Art industriel, art décoratif* sont des désignations qui appartiennent à notre époque, qui semblent acceptées par ceux-là mêmes qui auraient intérêt à n'établir nulle distinction dans les productions d'art. Cela a cependant plus d'importance qu'on ne paraît le croire.

On aurait, certes, grandement surpris Michel-Ange, nos artistes du Moyen-Age et ceux de la Grèce antique, si l'on se fût avisé de leur parler de l'art décoratif ; car ces producteurs croyaient faire de l'art, tout simplement, s'ils sculptaient la frise d'un monument ou un panneau de porte, s'ils modelaient une statue ou un vase, s'ils faisaient couler en bronze un groupe ou s'ils composaient un bijou. Mais c'est que ces artistes n'avaient point la fortune de vivre sous le régime des académies.

Celles-ci, depuis le règne du Roi-Soleil, ont eu cette prétention, inconnue jusqu'alors, d'avoir un art à elles, un art officiel, en reléguant dans le métier ou l'industrie, comme on dirait aujourd'hui, ce qu'elles étaient hors d'état de concevoir et d'exécuter, et en se bornant à la production de ce qu'elles ont considéré comme œuvres d'art, savoir : tableaux, statues ou bas-reliefs, ne tenant compte que médiocrement de la place que devaient occuper ces ouvrages, en tant qu'ils en dussent occuper une spéciale. L'art, le grand art, l'art officiel s'est tenu ainsi en dehors, a fait bande à part, dédaignant ou feignant de dédaigner toute production d'art ayant une destination spéciale.

Cette étrange manie, qui n'est, à tout prendre, qu'un aveu d'impuissance, a eu sur le développement de l'art en France une influence désastreuse en établissant une démarcation, absolument fictive d'ailleurs, entre les diverses expressions de l'art et en rejetant dans le métier toute une série de ces expressions.

Au total, la décoration d nos édifices en a souffert ; ell a perdu l'unité qui, dans toute les belles époques, fait so principal mérite. L'architec n'a pas tenu compte de l peinture qui devait décorer se salles, le peintre ne s'est pa préoccupé de l'architecture a milieu de laquelle il vena poser son œuvre, le fabrica

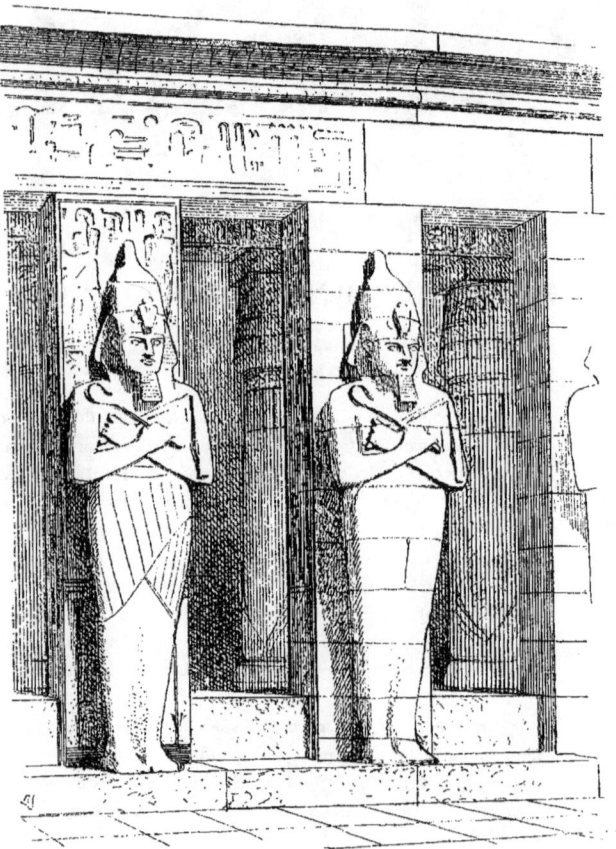

Fig. 1. — Le Memnonium, Thèbes. Égypte.
Dessin de Viollet-le-Duc.

de meubles ne s'est soucié ni du peintre ni de l'architecte, et le tapissier a tenu surtout à ce qu ses tentures ne laissassent voir autre chose que ce qui sortait de ses ateliers.

J'espère démontrer que cette anarchie, produit des prétentions académiques, n'existe q depuis le jour où ces prétentions se sont affirmées et sont devenues maîtresses dans le domai de l'art, et je voudrais, sans trop d'espoir d'obtenir satisfaction, que ces lignes pussent provoquer une définition de ce qu'on entend par « l'art décoratif ».

Je comprends et j'admets qu'un artiste, comme Michel-Ange, comme la plupart des artistes du Moyen-Age et de la Renaissance, soit à la fois architecte, peintre et sculpteur, qu'il soit en état de concevoir un palais, de décorer la bâtisse de sculptures et de peintures, de la meubler et au besoin même de dessiner pour les possesseurs la vaisselle dont ils se serviront et les bijoux qu'ils porteront. Pour cet artiste, à quelle heure quittera-t-il le domaine de l'art pur pour entrer dans celui de l'art décoratif? Encore une fois, je voudrais bien qu'on répondît clairement à cette question ; mais on n'y répondra pas plus que les dieux ne répondent aux mortels quand ceux-ci ont l'indiscrétion de leur adresser des questions. Laissons-les donc dans leur Olympe, ne leur posons pas de questions, mais examinons comment ont procédé les peuples doués du sentiment de l'art, dans la décoration de leurs édifices, quitte à en tirer les conséquences logiques.

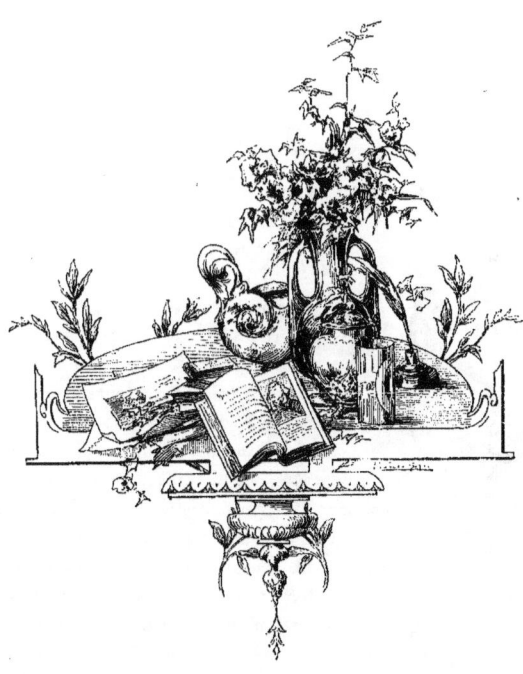

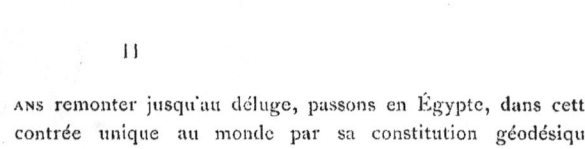

## II

ans remonter jusqu'au déluge, passons en Égypte, dans cette contrée unique au monde par sa constitution géodésique comme par les aptitudes particulières du peuple qui remplissait la vallée du Nil et avait atteint un haut degré de civilisation, alors que sur le sol gaulois nous passions probablement le temps à déjeuner et dîner de nos semblables.

L'art égyptien est, pourrait-on dire, tout d'une pièce, et pendant que dans les autres contrées asiatiques, africaines ou européennes, on peut toujours trouver, si anciennes que soient les œuvres d'art laissées sur leur sol par les antiques civilisations, des liens, des traces d'influences, des origines communes, la terre d'Égypte semble n'avoir rien emprunté, rien vu, rien admis en dehors de ses limites; avoir tout créé, depuis l'architecture jusqu'aux derniers produits de l'industrie. Peut-être est-ce parce que sa population est arrivée, la première sur le globe, à la civilisation. Et cependant on peut affirmer, en même temps, que l'art de l'Égypte a peu rayonné et que si les influences asiatiques se démêlent dans tous les arts de l'antiquité sur le sol européen, celles de l'Égypte ne s'étendent guère au delà de son voisinage immédiat.

Séparer, dans cet art égyptien, la sculpture et la peinture de l'architecture, c'est se livrer

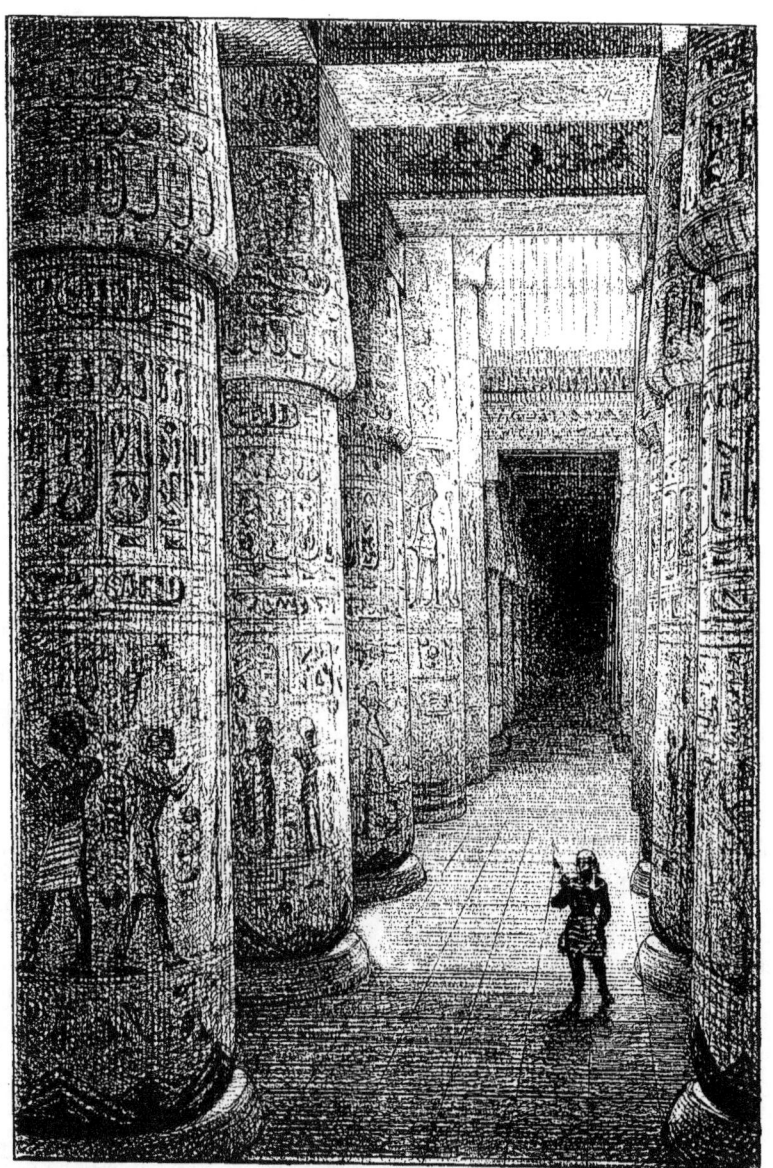

Fig. 2. — Karnac (Thèbes). Salle Hypostyle. Vue transversale.
Dessin de Viollet-le-Duc.

à une sorte de dissection qui a pour effet de détruire l'organisme, tant ces arts sont infiniment unis, ne peuvent vivre l'un sans l'autre. Et cependant le procédé employé est des plus simples. La construction proprement dite est déduite des lois élémentaires de la statique : murs extérieurs élevés dans un plan vertical, ou légèrement inclinés vers l'intérieur pour concentrer les pesanteurs, piles ou colonnes isolées portant des plates-bandes et des plafonds en pierre. Mais ces piles ou colonnes, outre qu'elles affectent des formes empruntées à la flore, se couvrent, comme les murailles, de nombreux dessins en creux, c'est-à-dire intaillés aux dépens de la pierre et légèrement modelés, ou d'hiéroglyphes, c'est-à-dire d'inscriptions ; le tout couvert d'un très léger enduit qui cache les joints et défectuosités du calcaire et qui est peint de couleurs brillantes.

Ainsi, la sculpture relief n'apparaît jamais sur ces nus de l'architecture et ne saurait en modifier les lignes d'une extrême pureté. Ce n'est qu'assez tard qu'elle se montre sur les chapiteaux et sur les dés qui les surmontent.

La sculpture n'est donc traitée chez les Égyptiens que comme une façon de tapisserie couvrant tous les nus, aussi bien ceux des murs que ceux des piles et colonnes, et elle appelle à son aide la peinture pour faire ressortir les moindres détails des intailles. Le bas-relief égyptien n'existe pas, car on ne peut donner le nom de bas-reliefs à ces dessins intaillés et à peine modelés ; et cependant l'art de la statuaire avait atteint, en Égypte, un admirable développement dès les premières dynasties, mais il se liait intimement à l'architecture par la façon dont il était traité. Car si les intailles qui tapissent les parements des édifices représentent parfois des scènes très mouvementées, la statuaire proprement dite affecte invariablement des poses calmes et une certaine rigidité symétrique qui cependant n'exclut ni les délicatesses du modelé, ni la recherche de la nature. Ainsi contribue-t-elle à la composition architectonique. D'ailleurs — sauf lorsqu'il s'agit de représentations de divinités placées dans certains sanctuaires — la statuaire, toujours colossale, ne décore que les dehors des édifices, les cours, les portiques, les pylônes (figure 1, page 4). Les intérieurs ne sont décorés que par cette manière de tapisserie intaillée ; et cela était parfaitement entendu, au point de vue de l'art.

En effet, par suite du mode de construction adopté, il n'était pas possible d'obtenir des salles spacieuses dans les deux sens. Si ces salles pouvaient avoir une longueur indéfinie, leur largeur était forcément subordonnée à la portée des matériaux formant plafond. Dès lors, la *reculée* n'existait que dans un seul sens. Si donc — ainsi qu'ils l'ont fait pour des portiques extérieurs — les artistes égyptiens avaient accolé des figures colossales à des piliers, celles-ci n'eussent pu être vues que de profil. Mais indépendamment de cette raison, l'esthétique des Égyptiens était trop délicate pour admettre dans des intérieurs des images colossales dont il eût été impossible d'apprécier l'ensemble, et qui n'eussent pas été à l'échelle de la décoration. Celle-ci, dans ces intérieurs, outre qu'elle n'est qu'une tapisserie, n'est pas grande d'échelle et compose une sorte de réseau coloré ne détruisant en rien les formes architectoniques.

Pour se rendre compte de l'effet que voulaient évidemment obtenir les artistes égyptiens, il faut, par la pensée, restaurer ces intérieurs de leurs grands édifices, tels que ceux de Karnac, par exemple. La lumière du jour n'arrivait dans ces intérieurs que par de rares ouvertures ou seulement par les baies des portes. Mais telle est l'intensité, l'éclat des rayons solaires dans cette

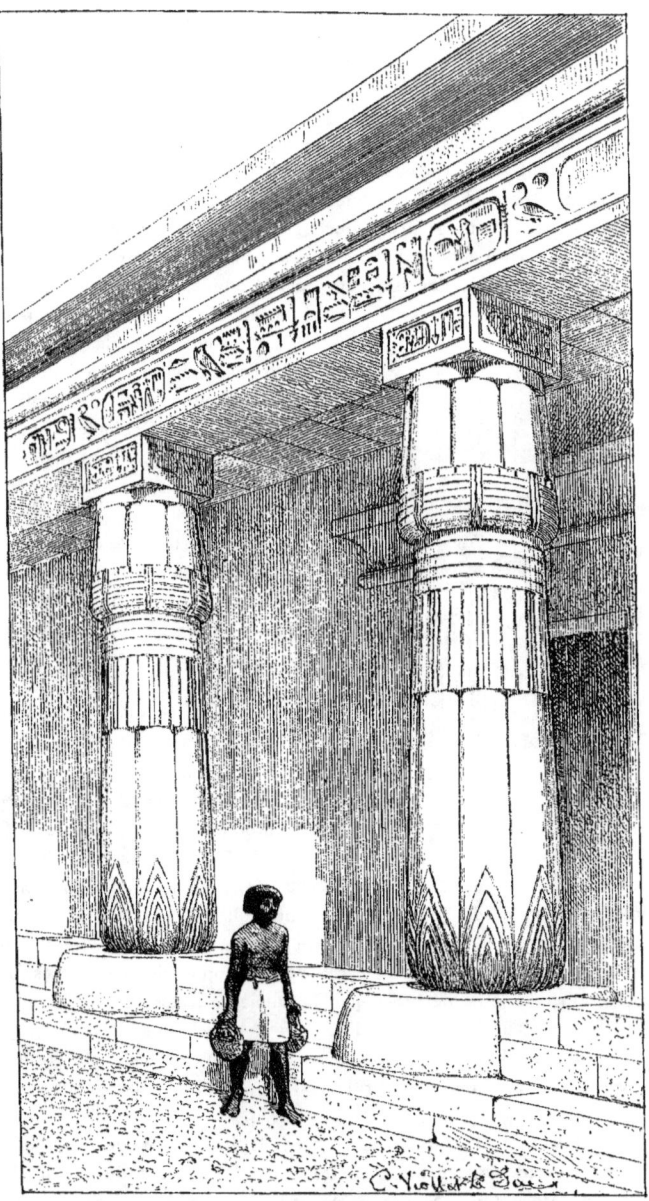

Fig. 3. — Temple de Menephterum (Égypte). Portique.
Dessin de Viollet-le-Duc.

contrée, que le moindre filet dérobé à ces rayons produit des reflets qui ont une puissance supérieure à la lumière diffuse des intérieurs, dans nos climats. Les décorations intaillées et colorées sur les parements prenaient ainsi un éclat dont il est difficile d'apprécier la valeur et la chaude tonalité, lorsqu'on n'a pas eu l'occasion de s'en rendre compte sur place. Et, certainement, ce mode de décoration était celui qui convenait le mieux, les conditions admises, c'est-à-dire le climat et la destination. Ces intérieurs, maintenus frais par l'épaisseur des murs et plafonds de pierre et par l'absence des rayons solaires directs, n'eussent pu recevoir une décoration encombrante et dont les saillies auraient produit quelques points lumineux et des ombres larges en perdant des surfaces considérables. Par suite du procédé admis, tout parement recevait suffisamment de lumière reflétée, pour laisser voir les formes générales et deviner les dessins délicats qui les couvraient.

Ajoutons que ces intailles peintes sont habituellement colorées chaudement sur des fonds blancs, et qu'ainsi elles pouvaient être vues jusque dans les parties les plus sombres.

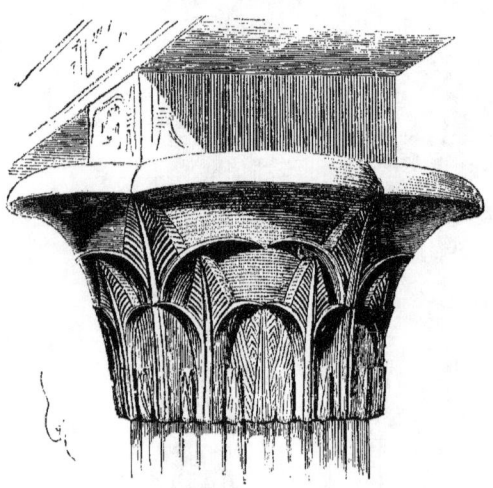

Fig. 4. — Chapiteau des portiques de l'île de Philoé.
Dessin de Viollet-le-Duc.

Le système de décoration appliqué dans les intérieurs par les artistes égyptiens est donc bien compris et admirablement adapté aux conditions imposées par l'architecture (figure 2, page 7). Il n'était pas moins favorable aux grands effets à l'extérieur, et c'est en cela qu'on ne saurait trop admirer l'instinct merveilleux de ce peuple dans les choses d'art. Il n'est pas d'architecture qui ait adopté une décoration plus propre à profiter de l'intensité de la lumière solaire.

On sait que dans les climats où cette lumière est très vive et où la pureté de l'air est extrême, l'œil se rend difficilement compte des plans. Les demi-teintes se perdent et se confondent, soit avec les parties éclairées, soit avec celles laissées dans l'ombre. Celles-ci même sont tellement reflétées qu'elles prennent une transparence extraordinaire. Il convient donc, en pareil cas, d'adopter des partis très larges et d'éviter ces demi-teintes, destinées à être dévorées par la lumière. Aussi l'artiste égyptien procède-t-il par surfaces nettement accusées, et s'il élève des colonnes dont les fûts cylindro-coniques donneraient des ombres molles, il a le soin de les entailler de filets et d'ornements vivement découpés qui accrochent des lumières brillantes et produisent des ombres nettes (figure 3, page 9).

Quant aux parements, les Égyptiens se gardent de les revêtir de décorations bas-relief ou ronde bosse. Ils les laissent unis, calmes, en les ornant seulement de ces intailles peintes qui produisent l'effet d'un riche tapis. Si parfois cependant la statuaire prend là une place, elle est colossale, portant de grandes ombres, et elle participe de l'architecture par le style hiératique qu'elle affecte (figure 1, page 4).

Telle est la franchise d'allure de cet art égyptien, telle est la parfaite concordance de sa structure avec la décoration qu'elle revêt, telle est sa complète appropriation aux conditions imposées par le climat, que tout autre art importé sur les bords du Nil y fait piètre figure. Les quelques monuments grecs et romains élevés dans cette contrée semblent des tentatives puériles, sont écrasés, paraissent n'être que des conceptions maladives.

Mais, par cela même, cet art ne saurait être exporté; il tient au sol d'une façon si intime, il exprime avec tant de franchise une civilisation absolument étrangère à toutes celles que l'antiquité et les temps modernes ont vues naître ailleurs, que si on l'admire, comme une des plus merveilleuses manifestations du génie humain, on ne saurait le déplacer, pas plus qu'on ne peut déplacer le mont Blanc. Il n'en est pas moins un grand enseignement, et c'est pourquoi j'ai tout d'abord essayé de faire apprécier les principes qu'il a su appliquer avec une si surprenante clarté.

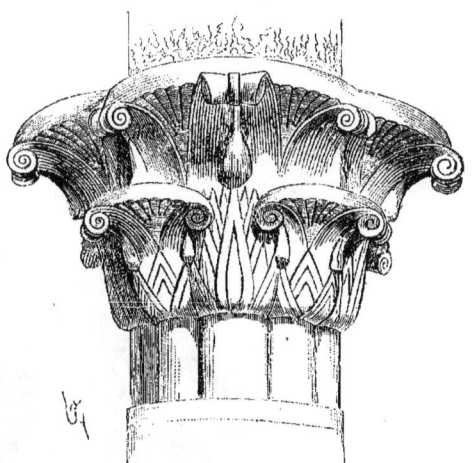

Fig. 5. — Chapiteau. Temple hyptère de Philoé.
Dessin de Viollet-le-Duc.

Il est un point sur lequel je crois devoir insister, savoir : la concordance de la décoration dans les édifices de l'antique Égypte avec le système de construction. Celle-ci, comme le montre la figure 1 (voir page 4), est élevée par assises de grès, de calcaire, parfois de granit ou syénite. Les colonnes ou piles monostyles sont rares. Mais cette structure est revêtue d'un enduit extrêmement mince sur lequel la peinture est appliquée; de telle sorte que l'appareil est invisible et que ces monuments paraissent être taillés dans un bloc homogène. Le climat de l'Égypte se prêtait à l'emploi de ce procédé, puisque ces enduits peints existent encore sur beaucoup de ces édifices. L'artiste égyptien décorant une maçonnerie n'avait donc pas à se préoccuper de cet appareil, et traçait son ornementation à travers les lits et joints de pierre des parements, puisque cet enduit léger devait couvrir le tout.

Cette manière de procéder était la conséquence de deux traditions : l'une qui rattachait ces constructions aux méthodes primitivement adoptées dans la vallée basse du Nil, et qui consistaient dans l'emploi du limon et de la brique crue mêlée aux roseaux, structure que l'on revêtait d'un enduit dans lequel il était facile de graver en creux l'ornementation; l'autre qui dérivait de la demeure taillée dans le roc, méthode employée dans le haut Nil.

Ainsi donc le constructeur élevait son bâtiment dans la forme voulue et en laissant tous les parements lisses, puis venait le dessinateur, intailleur-sculpteur, qui traçait sur ces surfaces les sujets, hiéroglyphes et ornements, comme il l'eût fait sur un tableau, et qui, ciselant tous les contours à angle vif, trouvait, dans la partie enfoncée, la saillie nécessaire au léger modelé des sujets.

Le stucateur et le peintre couvraient l'ouvrage ainsi préparé. C'est seulement à l'époque des dernières dynasties que les chapiteaux des colonnes reçurent des formes sculpturales empruntées à la flore du Nil, c'est-à-dire au lotus (figures 4 et 5, pages 10 et 11). Mais alors l'art égyptien entrait dans la période de décadence et perdait le grand caractère qu'il avait acquis sous les premières dynasties.

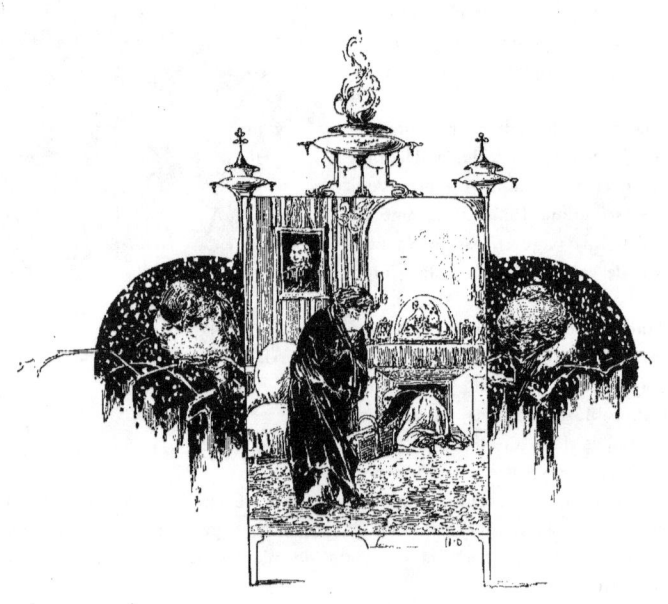

## III

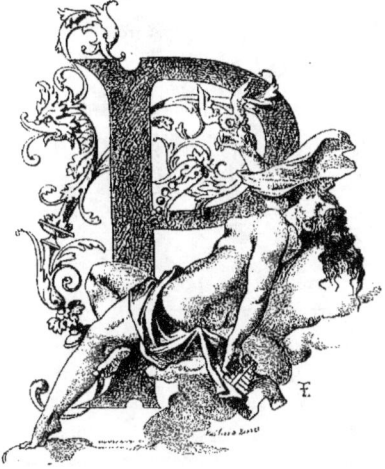

OSTÉRIEUREMENT à l'art primitif de l'Égypte se développait en Asie, sur les bords de l'Euphrate et du Tigre, un art qui, au point de vue où nous sommes placés, mérite une étude attentive. Nous voulons parler de l'art assyrien.

Bien que les Assyriens aient été en contact fréquent avec l'Égypte, que leur territoire ait été conquis en partie par ceux-ci, et qu'à leur tour ils aient envahi la vallée du Nil, il n'y a entre ces deux peuples non plus qu'entre leurs arts nul point de ressemblance.

Autant les matériaux propres à bâtir sont abondants sur les rives du Nil, autant ils sont rares sur les bords du Tigre et de l'Euphrate. Cette vaste contrée est un terrain d'alluvion composé d'un limon argileux très propre à faire de la brique crue ou cuite. Le climat, plus brûlant encore que celui de l'Égypte, présente une pureté égale; et à quelques semaines de pluies incessantes succèdent des mois pendant lesquels le ciel, dépourvu de nuages, présente un éclat sans pareil. Les Assyriens adoptèrent, dès une haute antiquité, un mode de construction parfaitement approprié à ces conditions climatériques.

Composant de ce limon, extrait des canaux d'irrigation qui réunissaient les deux fleuves, des masses énormes de briques, ils élevèrent, à l'aide de ces pains d'argile comprimée et séchée au soleil, des constructions colossales, des murs d'une épaisseur fabuleuse, et n'ayant pas, comme les Égyptiens, des pierres de grande dimension en abondance, ne pouvant par conséquent poser des plates-bandes d'un seul morceau sur ces murs, ils adoptèrent la voûte.

Ce mode de structure fut-il introduit sur le sol assyrien ou y prit-il naissance? Je ne chercherai pas ici à élucider cette question, fort difficile à résoudre d'ailleurs. Il doit nous suffire, pour l'objet que nous traitons, de constater le fait.

Ce qui est certain, c'est que l'emploi de ce système de construction était merveilleusement approprié au climat, en ce qu'il mettait les intérieurs dans les meilleures conditions d'habitation; fraîches en été, sèches pendant l'époque des pluies.

Mais dans ces intérieurs, ni piliers isolés, ni colonnes qu'il eût été impossible d'élever avec des briques crues ou même cuites. Ces intérieurs se composent uniquement de salles voûtées en berceau dans le sens de leur moindre largeur — et elles ne sont jamais très larges — afin de ne pas exercer de poussée sur les murs. D'ailleurs l'épaisseur de ceux-ci et le peu de hauteur

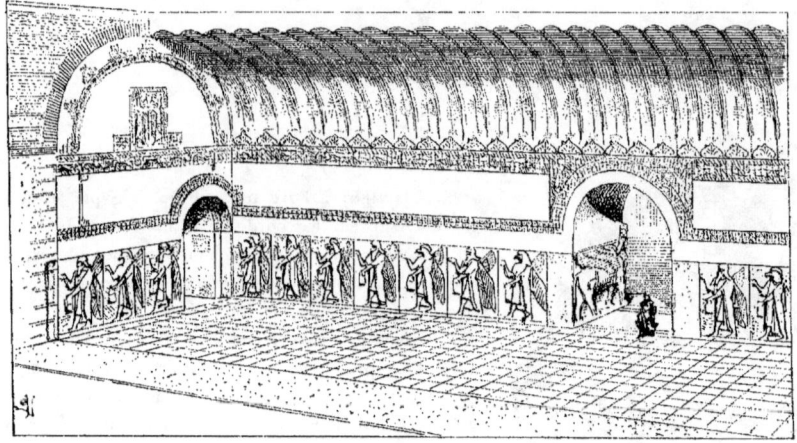

Fig. 6. — Palais de Nimroud (Ninive). Salle.
Dessin de Viollet-le-Duc.

relative de ces salles faisaient que ces poussées ne pouvaient avoir aucune action. Ces voûtes étaient couvertes par des terrasses sur lesquelles on venait prendre le frais pendant les nuits qui succédaient aux journées brûlantes de l'été. Des jardins même y étaient plantés et arrosés par des pompes. Les fameux jardins suspendus de Sémiramis ne sont autre chose qu'une plantation faite sur les voûtes d'un palais. Ils entretenaient la fraîcheur sur ces plates-formes exposées au soleil et fournissaient d'agréables promenades sans sortir de l'habitation.

Quelle était, en dehors de ces données générales, la décoration de ces demeures, soit à l'intérieur, soit à l'extérieur? Il va sans dire que, comme en Égypte et dans tous les climats très chauds, on recherchait dans les intérieurs l'obscurité qui seule mettait les habitants à l'abri de la chaleur et des insectes; que par conséquent les ouvertures étaient très rares, et que le plus souvent la clarté du jour ne pénétrait que par les portes ou par de petits orifices percés dans les voûtes.

La sculpture ne pouvait prendre un rôle important dans des habitations ainsi construites. Quant à la peinture, ces murs de brique crue et cuite étant revêtus d'enduits, elle trouvait là de larges places pour se développer à l'aise.

Les Assyriens non seulement savaient cuire la brique, mais aussi la revêtir d'émaux colorés, et ils trouvaient ainsi des moyens décoratifs d'une grande puissance, inaltérables et dont l'exécution était facile. Cependant ils ne négligèrent pas pour cela la sculpture.

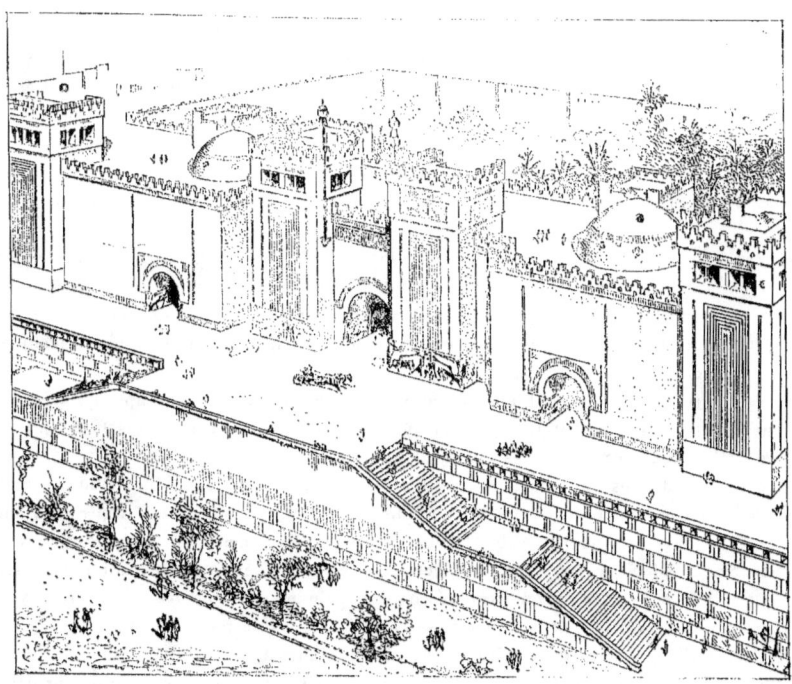

Fig. 7. — Entrée sud-est du palais de Khorsabad.
Dessin de Viollet-le-Duc.

Allant chercher au loin des pierres, ils n'employèrent celles-ci (sauf exception) que pour en former les maçonneries basses, que pour revêtir les soubassements des intérieurs, les jambages des portes, et alors ils les couvrirent de sculpture. Ainsi, indépendamment de la solidité de l'ouvrage, ils évitaient les frottements qui eussent pu dégrader des matières fragiles et posées en petites parties, telles que sont les terres cuites émaillées.

Ces sculptures ne sont point intaillées comme celles de l'Égypte, mais bas-reliefs peu saillants, pour ne point offrir des aspérités gênantes, puisqu'elles étaient généralement posées sur le sol, en manière de stylobates, autour des pièces ou le long des entrées principales. Les voûtes, si l'on en juge par celles qui restent entières et par les représentations de monuments sur les bas-reliefs, étaient plein cintre en brique crue enduite, avec têtes en brique cuite émaillée. Les murs, à l'intérieur comme à l'extérieur, étaient partiellement recouverts de briques émaillées en manière de frises, de stylobates, ou autour des portes (figure 6, page 14).

Les bas-reliefs représentent parfois des coupoles ou demi-coupoles surmontant les terrasses des palais.

Il est évident que ces procédés de structure ne permettaient aucune décoration saillante sculptée à l'extérieur non plus qu'à l'intérieur. Les murs unis étaient seulement décorés, au moyen de ces faïences, de quelques lignes verticales figurant des portions de cylindres, comme des troncs d'arbre jointifs; le tout terminé par un bandeau et une balustrade découpée ou crénelée en brique. Toutefois on recouvrait ces murs de tons unis bleus, rouges, pourpres, jaunes, et les découvertes faites par V. Place à Ninive confirment à cet égard le dire d'Hérodote.

Ce système décoratif diffère autant de celui adopté par les Égyptiens que la construction elle-même.

Ce ne sont plus, comme en Égypte, des tapisseries semant sur les parements des dessins multicolores innombrables et produisant une harmonie par la multiplicité même des tons juxtaposés, tout en respectant rigoureusement les grandes lignes et les grandes surfaces. Chez les Assyriens, ce sont de larges parements couverts d'un enduit monochrome, avec quelques parties seulement diversement colorées par les émaux.

Au total, ces deux peuples avaient adopté un mode décoratif absolument approprié à leur structure, et nous verrons que ces traditions assyriennes se retrouvent encore dans la décoration monumentale des Persans, tant les choses changent peu en Orient.

L'aspect extérieur de ces constructions assyriennes était, comme ensemble, d'une grande simplicité, ainsi qu'on en peut juger par ce croquis (figure 7, page 15), qui représente une portion du flanc sud du palais de Khorsabad[1]. Les entrées seules étaient décorées de sculptures colossales (chérubins)[2] à leur partie inférieure, et les archivoltes, de briques émaillées sur leur face. Des mâts, terminés par des boucliers dorés ou des palmiers de bois bas-reliefs, recouverts de feuilles d'or, surmontaient les pieds-droits et se détachaient sur le nu de la muraille.

Le parti décoratif qui consiste à faire valoir, par le contraste de grandes surfaces unies, certains points principaux sur lesquels alors la sculpture et la peinture sont prodiguées, appartient à ces contrées de l'Orient et a été adopté, plus tard, par les architectes dits arabes. Il est contraire au système égyptien aussi bien qu'au mode hindou, et il est évidemment provoqué par la nature de la structure, faite de pisé, de moellon enduit, ou de brique crue ou cuite; moyens qui ne permettaient pas l'emploi de la sculpture. Celle-ci était donc réservée pour certains détails que l'on tenait à faire ressortir, et notamment, comme il vient d'être dit, pour les soubassements.

C'est, pour nous, habitués aux arts européens, grecs et latins, une chose étrange de voir, posées sur le sol (figure 6, page 14), des frises sculptées ou des peintures émaillées, que nous

1. Voyez V. Place, *Ninive et l'Assyrie*.
2. Voyez le musée assyrien, au Louvre.

DE LA DÉCORATION APPLIQUÉE AUX ÉDIFICES.

mettons ordinairement sous les corniches. Ce mode paraît avoir été généralement adopté en Assyrie et dans la Perse, puisque les ruines de Persépolis nous montrent des processions sculptées sur les soubassements extérieurs des palais.

Résumons donc les procédés décoratifs de ces deux peuples : les Égyptiens et les Assyriens.

L'Égyptien adopte une structure de pierre dont les formes, les principes, sont très simples, mais il couvre cette surface d'un réseau décoratif intaillé et coloré, que l'on ne saurait mieux comparer qu'à une tapisserie ou une étoffe multicolore, laquelle ne modifie en rien ces formes, ne dérange en aucune façon la pureté des profils.

Chez l'Assyrien la pierre est rare, l'argile abondante; l'Assyrien construit en terre, ne se sert de la pierre que pour les soubassements; il sculpte alors cette matière rare, tandis qu'il revêt partiellement d'émaux sa construction de terre crue ou cuite, se contentant de couvrir le reste des parements d'un enduit qu'il peint, le plus souvent, de tons unis. Dans l'un comme dans l'autre cas, la décoration est parfaitement logique et appropriée au mode de structure et elle produit par cela même un effet puissant.

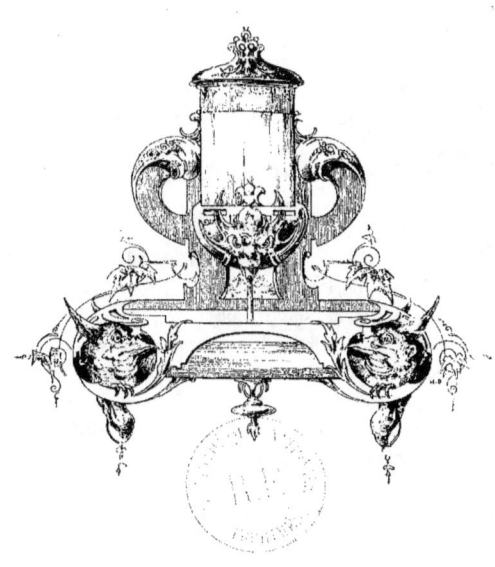

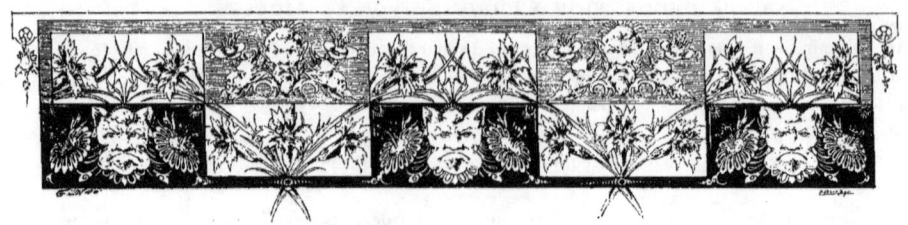

## IV

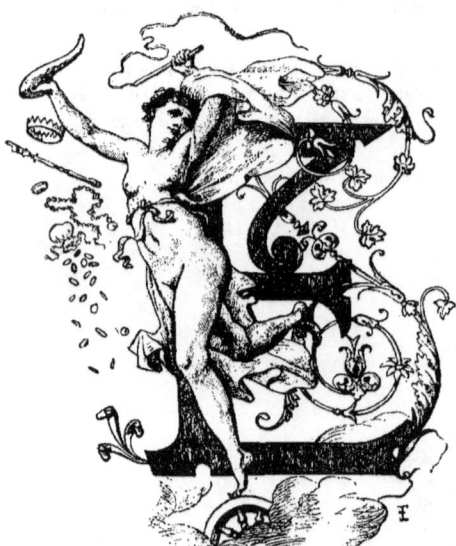

xaminons maintenant les procédés décoratifs adoptés par les Grecs dans leurs édifices.

Je ne parlerai pas de cet art grec qui cherche sa voie et qui subit les influences asiatiques sémitiques. C'est une époque de transition fort intéressante à étudier mais dont l'examen nous entraînerait loin du sujet.

Prenons l'art dorien au moment de sa floraison, et où, comme l'égyptien, comme l'assyrien, il semble ne rien emprunter autour de lui. Je dis : il semble, parce qu'en effet il n'est pas trop malaisé de découvrir les origines de cet art. Mais le mérite du grec dorien a été, précisément, de s'assimiler si bien ces origines et d'en faire une synthèse si personnelle, pourrait-on dire, que l'art grec présente les qualités d'un art autochthone.

Tout d'abord, faisons justice d'une appréciation erronée des origines de cet art dorien. On a été, répétant partout dans de gros livres, comme dans de simples opuscules, sur je ne sais quelle donnée première, plus sentimentale que critique, que l'architecture grecque — et alors il s'agissait seulement des temples, comme si toute l'architecture d'un peuple ne consistait que dans ses édifices religieux — dérivait de la *cabane* de bois. Le malheur est que si, en y mettant beaucoup de bonne volonté, on peut établir quelques rapprochements entre une œuvre de charpenterie et le Parthénon, par exemple, la chose devient plus difficile si l'on va chercher les édifices qui ont précédé celui-ci, tels que les temples de Sélinunte ou ceux de Pestum.

Il serait étrange et contraire à toutes les lois de filiation que l'origine d'une architecture fût d'autant plus apparente que celle-ci s'éloigne de son berceau.

On peut très exactement définir les origines de la structure égyptienne, primitivement obtenues par des clayonnages et ouvrages de roseaux et de menuiserie, encaissant de la terre battue, du pisé. Il est plus facile encore de retrouver les origines de la structure assyrienne, puisque, sauf ces encaissements de bois qui disparaissent mais dont les architectes continuent de reproduire l'apparence, le même mode de bâtir ne cesse d'être employé jusque dans les monuments les plus récents de ce peuple. Mais il faut beaucoup de fantaisie pour voir, dans un édifice dorien de

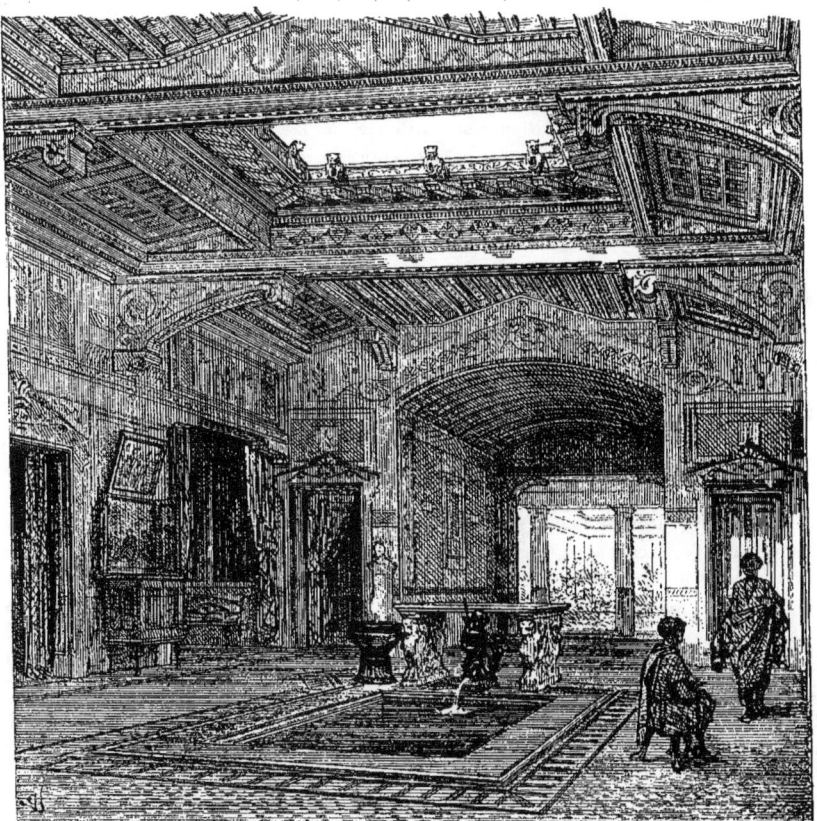

Fig. 8. — Atrium de la maison dite de Cornelio Rufo, a Pompei.
Dessin de Viollet-le-Duc.

pierre d'une époque primitive, quelque chose qui rappelle l'art de la charpenterie. Autant la structure élémentaire de bois est apparente dans l'architecture de l'Ionie, autant elle fait défaut dans l'architecture dorienne.

Une colonne dorienne avec son chapiteau est un ouvrage de pierre, essentiellement combiné en raison des qualités de cette matière. Il en est de même de l'entablement; ses formes appartiennent — surtout dans les monuments les plus anciens — bien plus à la pierre qu'au bois, et si à une époque relativement récente, comme à Pompei, par exemple, le bois a été employé pour former des plates-bandes, des architraves, c'est que les pierres de grande dimension faisaient défaut, mais les constructeurs tentaient de donner à ce bois l'apparence et les fonctions appartenant à la pierre.

Est-ce à dire que les Grecs n'employaient pas le bois pour les combles, pour les plafonds et planchers ? Puisqu'ils n'avaient pas admis la voûte, adoptée par les Assyriens et très probablement par les Phéniciens, il fallait bien qu'ils couvrissent les intérieurs à l'aide de la charpente, mais cette structure de charpenterie est parfaitement distincte de la structure de pierre, et encore revêtissaient-ils ces charpentes, soit de terre cuite, soit d'enduits légers. L'unité de structure n'existe donc pas chez le Dorien comme elle existe chez l'Égyptien et l'Assyrien, comme plus tard elle exista chez les Romains.

Le Grec dorien n'emploie pas les mortiers pour réunir les matériaux, il pose ses pierres à joints vifs, il semble repousser la voûte, et n'admet par conséquent que les éléments de statique les plus simples, bien qu'il eût certainement connaissance des voûtes et de l'emploi des mortiers, puisqu'il faisait des enduits.

Mais le Grec est parfaitement logique dans l'application de la décoration aux édifices qu'il construit. Le premier peut-être, il fait concorder la décoration sculptée avec la structure.

Nous avons vu que les Égyptiens élevaient des murs, piles et colonnes en pierre, et qu'ils décoraient ces surfaces sans trop tenir compte des lits et joints, comme s'ils eussent procédé en pleine roche. Pour masquer ces lits et joints, cet appareil, ils étendaient sur toute la surface sculptée un très léger enduit qu'ils coloraient de tons vifs.

Les Grecs ne procèdent plus ainsi et, bien qu'ils revêtent la structure de pierre de cet enduit délicat qui permet l'application de la peinture, ils tiennent compte cependant de cette structure lorsqu'il s'agit de la décorer de sculptures.

Mais, avant de passer plus avant, je dois faire observer que les architectures égyptienne, assyrienne, ionienne et grecque n'admettent pas que les édifices puissent se passer de la peinture aussi bien à l'extérieur qu'à l'intérieur, et même, lorsque les Grecs bâtissent en marbre blanc, ils ne laissent pas cette matière incolore. Et, en effet, sous les climats où la lumière du soleil brille d'un vif éclat, comme en Égypte, en Mésopotamie, sur les côtes Ioniennes, dans l'archipel grec et en Sicile, l'air est tellement transparent que les plans ne se distinguent pas et que les colonnes d'un portique, par exemple, ne se détachent pas sur le mur du fond.

Il était nécessaire donc de colorer diversement les parties d'une ordonnance architectonique pour en faire apprécier la valeur et la place et, en pleine lumière solaire, il n'y a jamais à craindre que les couleurs les plus tranchées, les plus vives offensent les yeux, car l'éclat de cette lumière, dans les contrées dont nous parlons, est tel qu'il jette un glacis harmonieux sur tous les tons par suite du rayonnement des surfaces éclairées et de l'intensité des reflets.

Aussi les Grecs ne prodiguaient-ils pas la sculpture à l'extérieur de leurs édifices, ayant reconnu que celle-ci, sous une lumière très vive, ne donne que des ombres noires ou des clairs qui se mêlent avec les fonds, les demi-teintes étant dévorées. Mais si l'artiste grec croyait devoir appeler la sculpture sur un édifice, il la colorait.

Par le fait, cette architecture des temples doriens qui paraît si sévère, aujourd'hui qu'elle est dépouillée de la décoration peinte, avait un aspect fort différent, lorsque les colonnes se détachaient en tons clairs sur les murs obscurs de la *cella*, que l'échine des chapiteaux était chargée de délicats orne- ments, que des méandres colorés couraient sur les architraves, que les métopes faisaient voir leurs sculptures peintes et dorées sur des fonds rouges, que les triglyphes bleu d'azur se découpaient sur ces fonds, et que des palmettes et rinceaux de tons brillants faisaient ressortir la partie lumineuse du larmier cou- ronné par le chéneau et les antéfixes également cou- verts d'ornements peints.

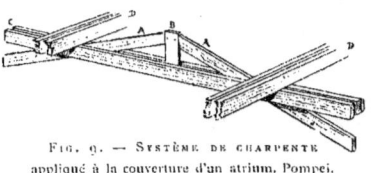

Fig. 9. — Système de charpente appliqué à la couverture d'un atrium. Pompéi.

Si, en effet, nous prenons la façade d'un temple dorien, à Sélinunte, à Agrigente, à Pestum, ou en Grèce même, à Athènes, à Sunium, à Éleusis, il est facile de reconnaître que, dans ces

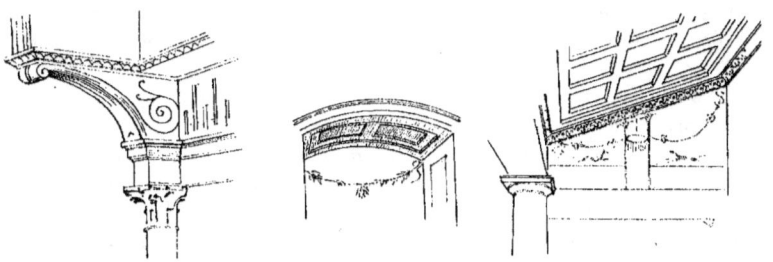

Fig. 10. — Peinture. Pompéi.  Fig. 11. — Plafonds a Pompéi.

compositions, il n'y a guère de place pour la sculpture. Le Parthénon en a reçu partout où il était possible d'en mettre, et cependant, dans l'ensemble, cette sculpture ne prend pas une grande place et surtout n'a aucune influence sur les formes de l'architecture.

Quant aux intérieurs de ces temples grecs, nous savons qu'ils étaient fort riches et que les plafonds, notamment, présentaient des assemblages de bois peint, de terre cuite vernissée et même de marbre, d'une extrême élégance, puisque l'on possède encore quelques débris de ces décorations. Pour les murs, il ne paraît pas qu'ils fussent décorés de sculpture, mais la peinture s'y étalait avec un grand luxe, sans compter les *ex-voto* et les *tableaux,* les *dons* que l'on suspendait aux parois et qui étaient sou-

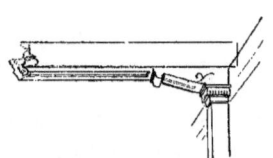

Fig. 12. — Portée de poutre soulagée par un poteau. Pompéi.

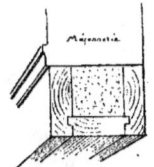

Fig. 13. Plates-bandes et poitraux. Pompéi.

vent d'une valeur inestimable, comme matière et comme travail. Toutefois, l'intérieur de la plus vaste *cella* étant très petit, relativement à nos salles, les décorations ne pouvaient avoir, au point de vue de la composition, une grande importance. D'ailleurs, le public n'était pas admis dans l'intérieur des temples, réservé aux prêtres et aux initiés ou à certaines congrégations : nous ne nous attarderons donc pas à les décrire. Il est plus intéressant de rechercher quelle était la décoration de l'habitation grecque et si, à cet égard, les éléments très anciens font défaut, Pompei et Herculanum ont encore conservé, dans quelques parties, des exemples d'une époque assez reculée et d'un style assez pur pour permettre de prendre une idée du système décoratif appliqué à l'édifice public et à la maison des populations grecques.

Il n'y a pas à douter que, comme leurs voisins les Asiatiques, les Grecs ne cherchaient point à *paraître*. Autant les temples, les basiliques ou portiques, les théâtres, affectaient extérieurement une forme architectonique monumentale, autant les dehors des habitations sont simples. A peine si de rares fenêtres percent la muraille et, sauf la porte, qui est parfois ornée, toute la construction ne présente que des murs lisses couronnés par les combles. Comme en Orient encore aujourd'hui, la vie est concentrée à l'intérieur de l'habitation, c'est là que le Grec déploie son goût et donne pleine satisfaction à son amour de l'art.

Le faste n'existe pas chez le Grec dorien, et c'est qu'en effet il est aussi difficile d'allier le faste au goût que la vanité à la distinction. Or ce qui distingue précisément la décoration appliquée à l'architecture grecque, c'est l'extrême distinction, la sobriété et l'appropriation judicieuse à l'objet.

Prenons, par exemple, l'*atrium* de la maison dite de Cornelio Rufo, l'une des plus anciennes de la ville de Pompei et dont l'architecture est du style grec le plus délicat (figure 8, page 19). Nous tournons le dos à l'entrée. Au centre est un *impluvium* de marbre, entouré de mosaïque et terminé par deux *trapézofores* d'un admirable travail, qui portaient une tablette également de marbre; une fontaine en avant des trapézofores remplissait le bassin. L'*atrium* est entouré de chambres fermées et de deux larges pièces ouvertes (exèdres). Au fond s'ouvre le passage qui donne dans la partie intime de l'habitation qui se compose de chambres et grandes pièces (exèdres, triclinia), entourant un péristyle assez spacieux avec fontaine dans l'impluvium.

Cet atrium, bien qu'il soit libre de colonnes, était couvert par une charpente laissant un jour central au-dessus de l'impluvium.

Le bois remplissait un rôle important dans ces intérieurs.

Il n'est pas difficile, encore aujourd'hui, de reconnaître la trace des chambranles de bois, des corbeaux, des portes et fermetures brisées ou à coulisse; et les peintures représentent une variété infinie de détails intérieurs qui font assez voir avec quelle liberté ces artistes italiotes appropriaient la décoration à toutes les nécessités de la construction. C'est là un point essentiel et sur lequel on me permettra d'insister.

Ayant eu l'occasion à Naples de m'entretenir touchant ces questions avec M. le sénateur Fiorelli qui dirige si habilement les fouilles entreprises par le gouvernement italien, et avec M. Ruggiero qui surveille avec une si scrupuleuse attention celles de Pompei, ces messieurs m'ont mis à même de constater l'importance de la structure de bois et de la menuiserie dans ces habitations gréco-italiques, et notamment lorsqu'il s'agissait de couvrir de larges espaces, tels que l'atrium dépourvu de colonnes de la maison Cornelia, lequel a 8$^m$,70 de largeur sur 11$^m$,10 de longueur; dimensions qui, pour les maisons pompéiennes, sont considérables, d'autant que les traces de scellement indiquent que les bois dont se servaient les Pompéiens n'étaient guère que des madriers. Les grosses et longues poutres ne paraissent guère avoir été employées et on reconnaît facilement les traces, soit de rondins de bois résineux, soit de ces planches épaisses que nous désignons sous le nom de madriers. Or il était assez difficile de couvrir de pareilles surfaces avec ces matériaux, surtout en tenant compte de l'obligation de laisser un jour central.

Le moyen de structure était donc, entre autres, celui-ci (figure 9, page 21.) Deux madriers remplissant la fonction d'arbalétriers A avec poinçon B, puis, deux autres madriers C C, formant entraits moisés, composaient les deux poutres transversales de 8$^m$,70 de portée.

Sur ces deux poutres transversales venaient se poser les madriers jumelés D longitudinaux.

Ce diagramme indiqué, il est facile de voir, en se reportant à la figure 8 (voir page 19), combien la décoration est d'accord avec la structure. Les pieds des arbalétriers E, ornés de planches stuquées, formaient ces consoles que fait voir la figure perspective.

Je sais que ceci sort quelque peu de l'antique *classique*, mais je n'y puis rien. Voici d'ailleurs un fragment pris sur une peinture de Pompei de la bonne époque (figure 10, page 21), qui montre de la façon la plus nette que ces consoles en décharge étaient usitées dans les constructions. De même ces plafonds cintrés et inclinés étaient-ils très fréquents (figure 11, page 21), et les poteaux de renfort le long des murs pour soulager la portée des poutres (figure 12, page 21 ; — maison du poète tragique).

Quant aux linteaux et plates-bandes, les Pompéiens les faisaient le plus souvent au moyen de ces madriers (figure 13, page 21), qui n'ont pas plus de six centimètres d'épaisseur.

Au total, de cet aperçu relatif à la construction on peut conclure que la structure des habitations était légère, économique et facile à établir. D'ailleurs ces bois étaient revêtus d'un enduit très fin, brillant et peint, qui leur donnait l'apparence des laques, et ce n'était que quand ils étaient d'une qualité précieuse qu'on les laissait apparents. Quant à la liberté dans l'emploi des moyens et dans l'application de la décoration à la structure, elle était complète; ce qui ressort clairement des représentations peintes, beaucoup moins fantaisistes qu'on l'a parfois prétendu.

Les effets décoratifs des intérieurs dans les habitations grecques étaient obtenus principalement par l'harmonie des tons juxtaposés, ce que notre figure 8 (voir page 19) ne saurait rendre, mais aussi par une sculpture ornementale très fine et petite d'échelle. Ces délicats en toute chose et surtout en matière d'art ne pensaient pas que les intérieurs dussent être chargés de ces sculptures saillantes, écrasantes, qui ont été considérées comme la plus haute expression de l'art à certaines époques et notamment de nos jours. Et même, dans leurs édifices publics ou religieux, les Grecs n'ont pas admis la sculpture d'ornement grande d'échelle; la statuaire elle-même est subordonnée aux compositions architectoniques, de telle sorte que cette statuaire se renferme dans les lignes dominantes, sans jamais interrompre ou déranger leur harmonie.

Je ne prétends pas en conclure qu'il n'y ait que cette façon d'appliquer la statuaire aux édifices, mais je me permettrai de demander pourquoi on envoie nos jeunes architectes étudier l'art des Grecs à Athènes, s'ils n'en rapportent que des idées absolument opposées aux principes de l'art grec? Que vont-ils donc faire à Athènes et même dans la Rome antique, puisque après un séjour prolongé dans ces centres d'art ils élèvent en France et notamment à Paris des édifices qui n'ont aucune des qualités que l'on observe chez les Grecs du temps de Périclès ou chez les Romains du siècle d'Auguste? Mystère! Il n'est personne qui aujourd'hui demande qu'on nous bâtisse en France des Parthénons ou des rotondes d'Agrippa; mais, en vérité, s'il est insensé de reproduire ces édifices au xix⁹ siècle en France, on doit au moins admettre que ceux qui les vont étudier en déduiront certains principes qui sont de tous les temps, parce qu'ils sont imposés par le bon sens et par la logique. Sinon, à quoi bon?

Or, ce qui ressort de cette étude des beaux monuments de l'antiquité, c'est la parfaite concordance de la décoration, soit extérieure, soit intérieure, avec le mode de structure. A ce principe, pas d'exceptions. Que vous preniez un temple, un théâtre, une basilique ou une maison élevés sous l'influence grecque, que vous visitiez un édifice romain religieux, civil ou privé, partout vous constatez ce fait d'une importance capitale, que toujours la décoration est appropriée à l'objet, dépendante de l'architecture et soumise au mode de structure adopté.

Pourquoi donc passer quatre ou cinq ans à étudier ces monuments pour conclure tout autrement que ne l'ont fait les artistes de l'antiquité, sans donner d'ailleurs aucune raison de cet écart? Pourquoi? Je vais vous le dire en quelques lignes. C'est que nos lauréats s'en vont à l'école de Rome et d'Athènes sans que l'on ait pris la peine de leur faire entrevoir ces principes, c'est qu'ils ont vu pratiquer des doctrines — si doctrines il y a — absolument opposées à ces principes, et cela par ceux-là mêmes qui leur vantent les productions de l'antiquité, tout en se gardant de jamais laisser soupçonner en quoi ces productions possèdent une supériorité et sont un exemple à suivre, car ils condamneraient leurs propres œuvres. Ces jeunes gens, auxquels plus tard l'État confiera de grands travaux, ont bien vu que dans les monuments de l'antiquité il y a la structure et l'apparence, la décoration, mais ils n'ont pas été sollicités, par l'enseignement qu'on leur a donné ou par les exemples qu'on a mis sous leurs yeux, à établir une corrélation entre cette structure et cette décoration. Loin de là, cet enseignement a affecté de séparer la forme d'art du mode matériel de construction et de la nature de la matière employée.

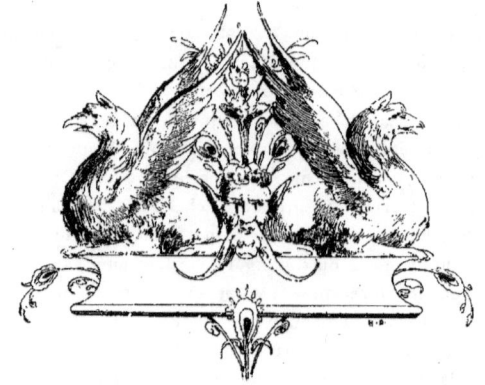

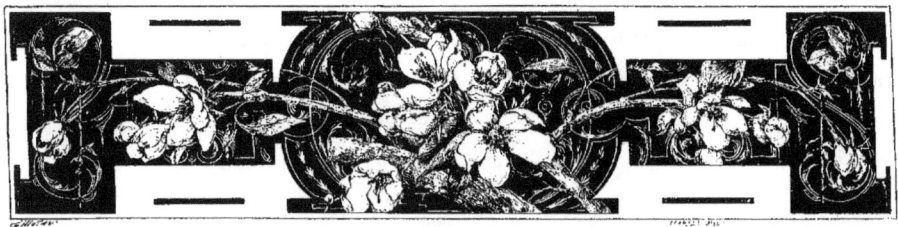

## V

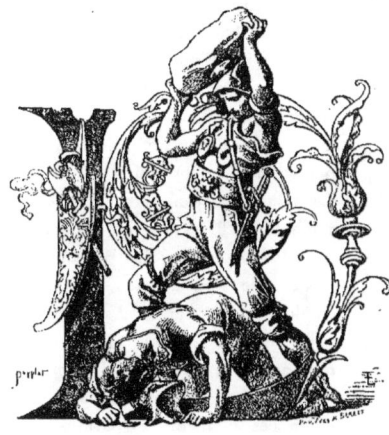

ES Romains, qui sont loin de posséder l'admirable sentiment des Grecs pour les choses d'art, qui ne pratiquent pas les arts, ont cependant, guidés par leur haute raison, possédé une architecture dans laquelle se révèlent les qualités d'une décoration déduite du système de structure admis.

En fait d'art, les Romains étaient des éclectiques, et il ne nous sera pas difficile d'en donner la preuve.

Établis au centre de l'Italie, entre les Étrusques du nord et les populations grecques du sud, ils prennent indifféremment aux uns et aux autres pour constituer leur architecture. Aux Étrusques, ils prennent la voûte que ceux-ci, d'origine sémitique, pratiquaient; aux Grecs, ils empruntent leurs ordres, la forme et la décoration des temples, la disposition des habitations. Plus tard, lorsqu'ils sont en rapports fréquents avec la Syrie, la Perse, l'Arménie, de ces contrées ils rapportent ces grandes dispositions dont les monuments des bords du Tigre et de l'Euphrate ont laissé des exemples qui s'étaient perpétués et développés chez les Perses et sur une partie du territoire de l'Asie Mineure.

Donc les Romains s'appropriaient la structure des Grecs, laquelle ne procède que d'après les lois élémentaires de la statique, n'emploie que les matériaux taillés, sans mortiers propres à les agglutiner, et alors les Romains bâtissaient en pierres d'appareil, posées jointives sans l'aide du mortier ; ils s'appropriaient le mode de voûtage appareillé des Étrusques ; ils s'appropriaient le mode de maçonnerie et de voûtage des Orientaux, permettant l'emploi des petits matériaux, de la brique, des blocages et par conséquent des mortiers en masses considérables.

Mais de tous ces éléments, les Romains ne font pas un composé hybride, ils les juxtaposent en laissant à chacun ses qualités, soit au point de vue de la structure, soit au point de vue de la décoration.

Ainsi, dans un même édifice, la pierre sera employée comme l'employaient les Grecs et les Étrusques, c'est-à-dire à joints vifs, sans apparence de mortier, et portera la décoration qui convient à un ouvrage d'appareil, et à côté, les blocages enveloppés de parements de brique, les voûtes moulées sur forme avec nerfs de brique, rappelleront les grandes constructions de la Perse, élevées conformément à la tradition assyrienne, et cette structure concrète, par agglutination, recevra la décoration qui convient essentiellement au mode employé par le constructeur.

Bien entendu, on ne saurait demander à une architecture ainsi composée d'éléments divers appartenant à des principes absolument opposés, l'harmonie parfaite que nous admirons dans les monuments de l'Égypte, de l'Assyrie et de la Grèce. Mais les Romains, s'ils n'étaient pas artistes, savaient employer les hommes et exploiter leurs aptitudes, aussi mirent-ils, dès qu'ils le purent, les architectes grecs en demeure de concilier ces éléments disparates et d'en former une architecture homogène, une architecture romaine.

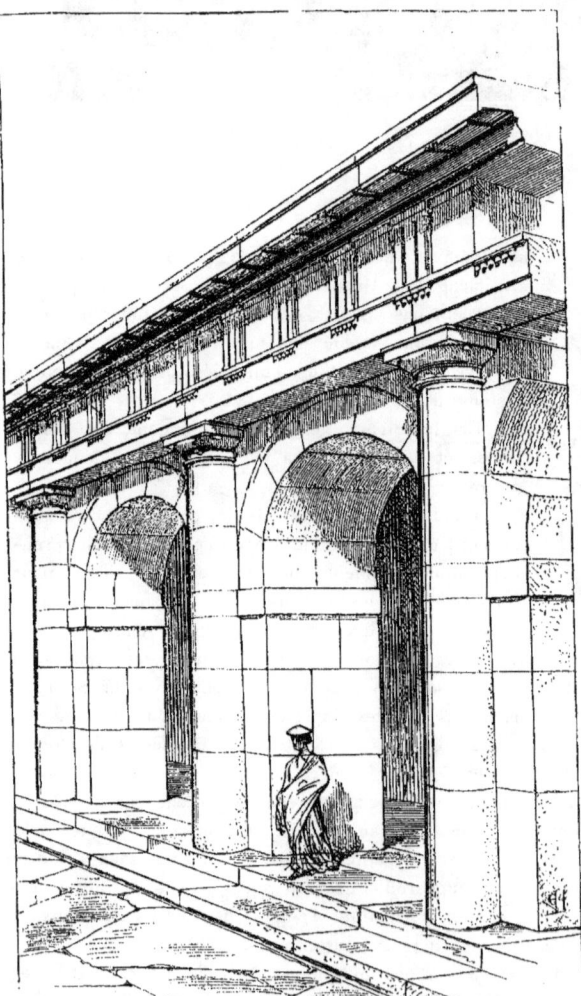

Fig. 14. — Application romaine du style grec.
Dessin de Viollet-le-Duc.

Nous ne pourrions dire si les artistes grecs acceptèrent ce rôle avec plaisir et s'ils ne trouvèrent pas étrange au moins qu'on leur demandât, à eux qui n'avaient pas accepté la voûte asiatique, d'allier sa construction avec les formes appartenant à une structure partant d'un principe diamétralement opposé à celui propre aux voûtes. Il est probable que leurs scrupules, s'ils en montrèrent à cet égard, ne touchèrent point du tout les Romains, et qu'il fallut se rendre à leurs désirs. Et c'est là où ce merveilleux sens grec se montre dans toute sa souplesse. Sans abandonner les principes de l'art dont ils ne voulaient ni ne pouvaient s'écarter, ces artistes grecs surent laisser à chacun des modes de bâtir employés la décoration appropriée, établir une harmonie entre ces éléments contraires avec une adresse prodigieuse, mais non de telle sorte cependant, que l'on ne constate parfaitement les soudures et les points de jonction ; et composer, au total, une architecture qui satisfaisait amplement les goûts du Romain pour le faste, tout en se soumettant aux programmes rigoureusement imposés par le besoin. Il n'est pas douteux que les grands monuments voûtés de l'Asie eurent sur cette architecture romaine une grande influence et que les architectes grecs, sous l'autorité de Rome, aient utilisé les éléments de composition qu'ils leur offraient, en revêtissant ces compositions d'une sorte de parure grecque. Les Grecs avaient inventé ce qu'on appelle les ordres, c'est-à-dire trois variétés du système si simple de la colonne (point d'appui vertical) portant l'entablement (plate-bande horizontale). Toute la structure grecque repose sur ce principe et ne s'en écarte pas, tant qu'elle n'est pas soumise au régime romain. Ces trois ordres,

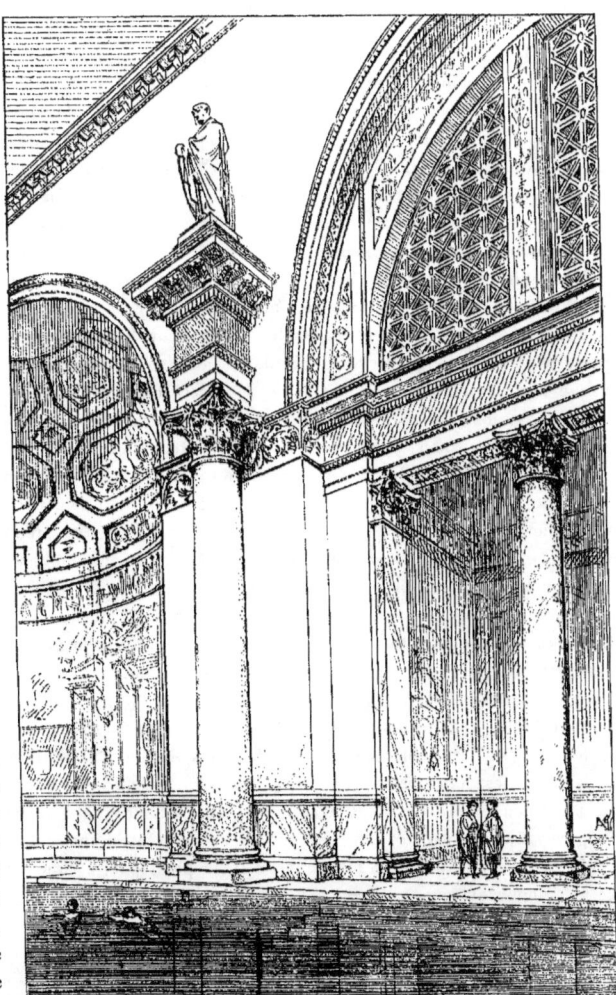

Fig. 15. — Piscine de thermes romains.
Dessin de Viollet-le-Duc.

qu'on désigne sous les noms de *dorique, ionique, corinthien,* possédaient chacun un mode harmonique particulier, que les artistes ne suivaient point comme un canon invariable, mais cherchaient à perfectionner sans cesse suivant ce mode propre.

Pour l'Hellène, tout point d'appui vertical devait porter une charge horizontale, une plate-bande. Lorsque les artistes grecs furent appelés à élever des monuments pour Rome et qu'il fallut concilier ce principe du point d'appui vertical et de la plate-bande avec la voûte qui exige des culées et par conséquent des points d'appui obliques afin de résister à la poussée, ils juxtaposèrent les deux systèmes (figure 14, page 26); c'est-à-dire que, devant l'arc étrusque appareillé, ils firent passer un de leurs ordres en laissant voir, dans les entre-colonnements, la structure étrusque; c'était une décoration grecque avec son système de colonnes et de plates-bandes plaquée sur une construction absolument différente et qui n'avait nul besoin de cet appoint. Et si nous commençons par cet exemple, ce n'est pas que nous trouvions l'application heureuse, tant s'en faut, puisqu'elle est absolument illogique, et qu'on ne peut prétendre qu'ici la réunion des deux principes soit habilement faite, mais c'est pour montrer comment les artistes grecs opérèrent tout d'abord. Cependant ce mélange irrationnel et assez mal combiné eut assez de succès pour que nous le voyions appliqué dans l'architecture romaine depuis la fin de la république jusque sous les Antonins. Il eut assez de succès pour que l'on composât ainsi des édifices à plusieurs étages montrant extérieurement les deux ou trois ordres dorique, ionique et corinthien, superposés, avec chacun son entablement et sertissant des arcades [1].

Mais ces artistes chercheurs, les Grecs, ne durent pas manquer d'être choqués par ce qu'il y avait d'irrationnel dans cet emploi des ordres et par l'effet monotone que produisait cette sorte de treillis saillant dans les mailles duquel s'ouvraient des arcades. Aussi songèrent-ils à considérer la colonne comme un contre-fort, et s'ils continuèrent à la couronner de son entablement, ils profilèrent celui-ci suivant le plan de cette colonne, comme pour la relier à la construction (figure 15, page 27). C'était plus sensé, et cela faisait que la décoration extérieure accusait, sur certains points, des résistances à opposer à des charges ou à des poussées agissant sur ces points. Ainsi, l'ordre grec, autrefois limité à une seule fonction, trouvait un nouvel emploi.

Voyons comme, à l'intérieur, l'ordre grec voyait également sa destination changer. D'abord employé à composer les colonnades qui, dans les basiliques, portaient les galeries, d'abord appliqué le long des murs ou engagé dans leur maçonnerie, on le voit prendre une nouvelle fonction. La colonne sert de point d'appui rigide, incompressible sous une retombée de voûte d'arête (figure 16, page 29), et elle est encore surmontée de son entablement, bien que celui-ci soit parfaitement inutile dans un intérieur où il ne pleut pas, et que l'architrave dût suffire pour relier cette colonne et son chapiteau à la construction.

Mais ce n'est que peu à peu que l'architecte grec se décide à abandonner cet entablement désormais inutile dans des salles couvertes.

L'ordre grec sert encore dans les intérieurs des thermes et palais, par exemple, de claire-voie (figure 16, page 29). Il ne porte alors que ses propres membres, il est indépendant et passe presque à l'état de mobilier permanent; c'est une pure décoration faite de matériaux relativement précieux, tandis que la structure proprement dite, voûte et piliers, élevée en moellons, en brique

---

[1]. Le théâtre de Marcellus, le Colisée, à Rome.

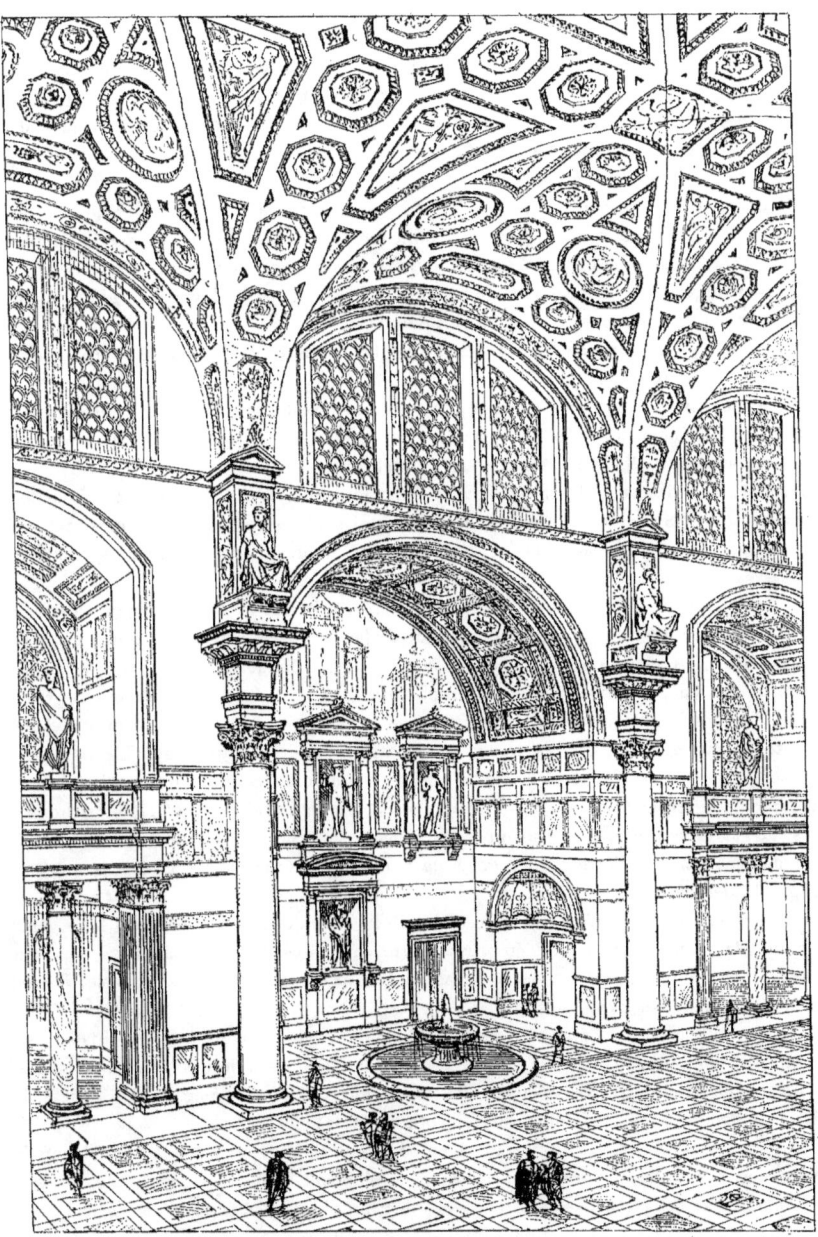

Fig. 16. — Grande Salle des Thermes d'Antonin Caracalla. Rome.
Dessin de Viollet-le-Duc.

et blocage, est revêtue de plaques de marbre dans les parties inférieures, de stucs peints et légèrement modelés dans les parties supérieures et les voûtes.

C'est alors qu'on peut dire que la soudure entre les deux systèmes, celui de la plate-bande et celui de la voûte, est habile ; chacun des modes conserve son indépendance, et cependant ils s'unissent pour composer un ensemble.

Mais des trois ordres grecs, les Romains de l'empire n'adoptent plus guère que le plus riche, l'ordre corinthien, l'ionique présentant des difficultés décoratives et le dorique paraissant trop simple. Ce dernier est relégué dans les habitations privées, ou occupe encore parfois des étages de soubassement à l'état de pilastres ou de colonnes engagées. La colonnade romaine et le portique sont, sauf exceptions, d'ordre corinthien.

Le marbre, qui n'était que très rarement employé sous la république, est prodigué dans les constructions de la Rome impériale, soit comme revêtements, soit dans l'emploi des ordres. La colonne (ce qui est rationnel) est monolithe, souvent même son fût est de granit, les bases, chapiteaux et entablements de marbre blanc, sauf les frises qui sont parfois de porphyre ou de marbre de couleur si elles sont dépourvues de sculpture.

Les voûtes se décorent de caissons avec ornementation de stuc ou même de métal ; quant aux murs, ils se couvrent de peintures, mais dans lesquelles les sujets ne prennent point une grande place. Les soubassements et les aires se tapissent de marbres de couleur et de mosaïques.

Ces intérieurs étaient donc entièrement colorés, soit par la matière employée, soit par la peinture posée sur enduits. Quant aux baies destinées à laisser pénétrer la lumière du jour dans les salles, si elles étaient closes, c'était au moyen de treillis de métal sertissant, soit des pâtes de verre de couleur, soit des matières transparentes comme l'albâtre, le talc ou le gypse.

Quelle que soit la richesse décorative de l'édifice romain, la structure n'en reste pas moins apparente, dominante, et c'est grâce à cette qualité que l'architecture impériale, malgré certains écarts de goût qu'il est facile de signaler, conserve toujours cette allure magistrale, cet air de grandeur qui en feront toujours un des plus beaux exemples de l'emploi de la richesse dans les formes de l'architecture. Et, à vrai dire, les Romains ont été les premiers qui ont su allier sans confusion, sans détruire l'ordonnance générale d'une composition, la structure sur une très grande échelle à la décoration.

Les Grecs, chez eux, n'avaient pas affronté ces difficultés. Leurs édifices sont généralement très petits, les plans sont simples et peuvent être embrassés d'un coup d'œil ; il leur était facile, sur une échelle aussi restreinte, de composer une ornementation délicate, choisie, d'autant qu'ils ne s'en montraient pas prodigues.

Mais quand la Rome impériale éleva ces immenses édifices, tels que les palais, les thermes, les *villæ*, les amphithéâtres et les théâtres, dont les plans compliqués se composent de services très divers, de salles juxtaposées ayant des dimensions et des destinations très variées, il devenait difficile de donner à ces ensembles une décoration possédant l'unité.

Les artistes grecs, à peu près seuls employés à Rome, arrivèrent cependant à satisfaire à ces programmes si nouveaux pour eux ; mais en développant les moyens décoratifs, en agrandissant le champ des conceptions, en introduisant des procédés ingénieux d'une grande valeur dans l'emploi des matières, ils perdirent peu à peu le goût qui primitivement faisait le charme principal de l'œuvre grecque.

L'ornementation devint d'une insupportable monotonie, la profusion remplaça le choix, la richesse des matières, l'étude de la forme. Mais jamais cependant la décoration romaine n'empêcha d'apprécier la structure, l'ossature principale de l'édifice, et nos architectes qui vont étudier à Rome feraient bien, semble-t-il, de se pénétrer de ces principes suivis rigoureusement par les artistes de l'antiquité jusque sous le Bas-Empire.

Mais avant de passer outre, il paraît utile de nous occuper de l'harmonie comparative des décorations architectoniques dont il a été question jusqu'ici au point de vue de l'emploi de la peinture.

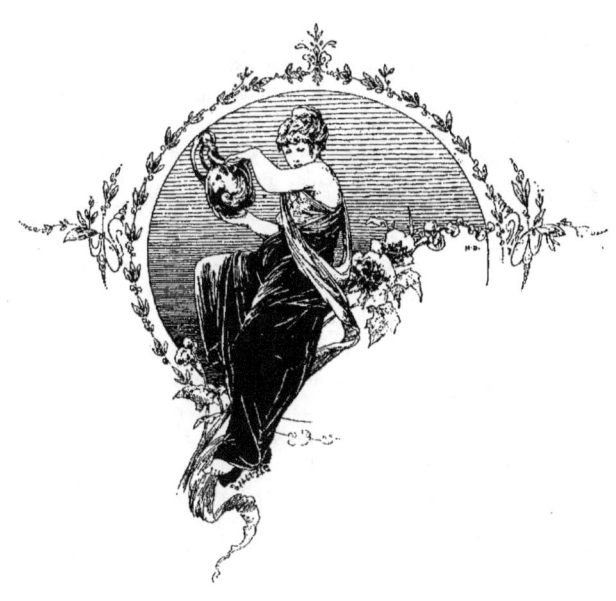

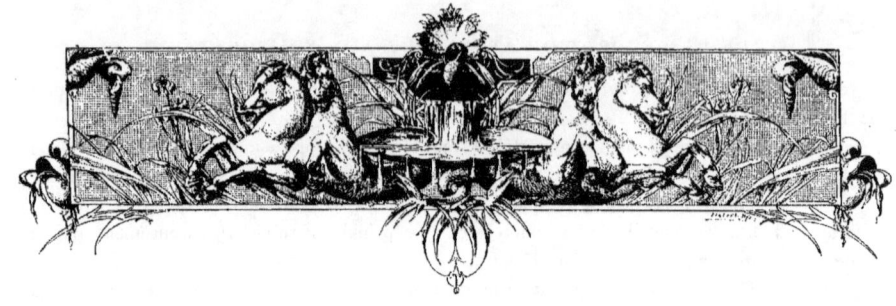

## VI

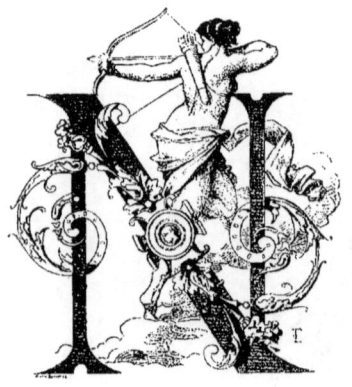

Nous avons vu que les Égyptiens, par les raisons déduites plus haut, ne craignaient pas à l'extérieur l'emploi des tons heurtés, des couleurs vives juxtaposées, la pureté de l'atmosphère et l'intensité de la lumière solaire se chargeant de mettre un glacis harmonieux sur cette enluminure qui serait, sous notre ciel, d'une crudité insupportable; qu'à l'intérieur ces mêmes artistes, à cause de la rareté des jours directs, les salles étant presque toujours éclairées par reflets, pouvaient de même se permettre l'emploi de ces tons violents, effacés, atténués par la demi-obscurité. Toutefois, dans les édifices égyptiens, soit à l'intérieur, soit à l'extérieur, on observera que chaque ton n'occupe qu'un espace restreint, qu'il n'y a jamais de ces grandes parties claires ou obscures que l'on observe dans la peinture décorative des Grecs aussi bien que dans celle des Assyriens, lesquels couchaient un ton uni sur de larges surfaces, de manière à découper vivement les divers membres de l'architecture les uns sur les autres. Hérodote ne nous dit-il pas que les sept enceintes d'Ecbatane étaient chacune peintes d'une couleur différente, et l'observatoire du palais de Khorsabad ne confirme-t-il pas le fait, en laissant voir encore trois de ses étages recouverts chacun d'un enduit peint d'un ton spécial?

Les briques émaillées, dans les édifices d'Assyrie, contribuaient en grande partie à la décoration extérieure et intérieure. Elles ajoutaient par leur éclat à l'effet de la peinture et, au milieu de ces larges surfaces couvertes de tons unis, généralement clairs, elles apportaient une note vive et brillante.

Les Grecs, bien qu'ils n'employassent la terre cuite émaillée, dans la décoration architectonique, que pour les combles, les chéneaux et les revêtissements de charpentes, soffites, solives et caissons, inclinaient plutôt vers le mode asiatique que vers le système égyptien; c'est-à-dire qu'ils admettaient les contrastes par grandes parties et non plus cet éparpillement des tons sur un monument. Mais ces trois arts sont d'accord sur un principe qui paraît être rigoureux; savoir : que la peinture extérieure ou intérieure appelle la peinture, que, dès l'instant où la peinture est admise sur une partie elle doit couvrir le tout. Et en effet, que nous visitions les monuments de l'Égypte, de l'Asie ou ceux de la Grèce, la coloration existe partout ou n'existe pas. Et même les Athéniens avaient-ils donné aux marbres blancs du Parthénon une coloration qui s'alliait aux délicats ornements peints sur quelques listels, sur l'échine des chapiteaux, la face des larmiers, etc. Tous les monuments de pierre de la Grande-Grèce, de la Sicile, étaient entièrement revêtus d'un très léger stuc peint, la pierre n'étant visible sur aucun point.

Les Romains procèdent d'autre façon, du moins à dater de l'empire. Ils se servent de matières colorées, marbres, granits, porphyres, albâtres, pour les parties décoratives tenant à la structure, telles que colonnes, entablements, archivoltes, revêtissements de soubassements, pavages; ils couvrent le reste de stucs peints, et emploient le métal, bronze oxydé ou doré, pour des chapiteaux, bases, rosaces, filets ornés, antéfixes, tuiles, chéneaux, bas-reliefs, inscriptions et couronnements. Il est évident que c'était là un élément décoratif nouveau, très rarement employé chez les Égyptiens et chez les Grecs. Ces derniers ne s'en rapportaient pas aux caprices des colorations du marbre, par exemple, pour obtenir le ton qu'ils jugeaient convenable de donner à une colonne sur un point défini, soit à l'extérieur, soit à l'intérieur, et ils tenaient beaucoup plus à ces délicatesses d'art qu'à la richesse de la matière.

Pour le Romain, c'était tout autre chose, les finesses de l'art le touchaient peu et, pour lui, une colonne faite d'un marbre précieux méritait, dans un édifice, une place d'honneur.

L'introduction des matières colorées, dans l'architecture, changeait les conditions harmoniques de la peinture.

Beaucoup de ces matières, pour faire valoir leur coloration naturelle, recevaient un poli; la dorure prenait un éclat métallique. Donc, plus de ces surfaces tranquilles, mais des reflets, des chatoiements, des brillants, des tons d'une grande intensité à côté de lumières très vives. La peinture mate très légèrement polie, exécutée suivant le mode antique, était écrasée par ces voisinages immédiats. Aussi, vers la fin de l'empire, on la remplace déjà par de la mosaïque, c'est-à-dire par un procédé qui présentait exactement les qualités particulières à ces matières colorées : grande intensité, reflets métalliques, tons profonds et sombres, lumières vives et vitreuses. L'harmonie se trouvait ainsi rétablie, mais on était dès lors sur une pente qui devait nécessairement conduire à des excès de tous genres en fait de décoration architectonique.

Cependant les Romains pas plus que les Grecs n'avaient admis que la peinture occupât partiellement, soit à l'intérieur, soit à l'extérieur, certains points d'une façade ou d'une salle, en laissant à côté les tons de la pierre ou d'un enduit non coloré; et en cela ils restaient dans les données de la peinture appliquée à l'architecture, rien n'étant plus déplaisant que ces taches produites sur des parements intérieurs ou extérieurs par des colorations, dans le voisinage immédiat de la pierre ou des enduits incolores. De même aussi, les Romains, lorsqu'ils employaient les marbres ou les granits, ne les plaçaient-ils pas en contact avec la pierre, ces matières de natures très différentes ne pouvant s'harmoniser. Car il est une observation qu'évidemment les anciens avaient appliquée à la décoration de leurs édifices; savoir : qu'il est nécessaire de placer en contact les matières d'une qualité apparente semblable. Le marbre, les granits, la mosaïque, le métal, les stucs polis, peuvent composer une harmonie, parce que ces matières se comportent, au contact de la lumière, d'une façon semblable, qu'elles offrent les unes comme les autres des surfaces brillantes, aux demi-teintes transparentes, aux ombres puissantes et aux clairs très vifs.

Mais, à côté de ces effets, la pierre ou l'enduit non stucqué ne saurait se soutenir, paraît mort et sans solidité. Il est facile de se rendre compte de cet effet fâcheux en examinant les façades ou les intérieurs d'édifices dans lesquels on a ainsi voulu mélanger la pierre et les matières colorées précieuses et polies ou la dorure. Les accessoires l'emportent sur le principal et la partie solide, essentielle de la construction, semble molle et indécise, à côté des tons puissants des marbres et de l'or.

Je ne prétends pas dire que tous les édifices romains fussent d'un goût irréprochable au point de vue de la décoration, mais on ne peut se refuser à reconnaître chez les artistes qui les ont élevés une expérience profonde dans la manière d'employer les matériaux décoratifs, qualité qui fait souvent défaut à nos architectes, et même à ceux qui sont allés étudier l'art romain à la villa Médicis, puisqu'en revenant ils ne paraissent pas, dans leurs œuvres, se préoccuper des conditions imposées à toute décoration monumentale qui veut que l'on tienne compte de la nature de la matière mise en œuvre, tous les matériaux ne pouvant indifféremment être juxtaposés.

Nous verrons que le Moyen-Age et la Renaissance ont observé ces conditions, tout en s'affranchissant des données de l'antiquité.

Il est incontestable que l'art de l'architecture romaine vers les bas temps est inférieur à l'art qui florissait à Rome d'Auguste à Trajan. A la belle exécution des œuvres monumentales de cette époque brillante, tout empreinte encore du goût grec, succédait, dans la sculpture comme dans la peinture, un *faire* de convention, lâché, reproduisant en les affaiblissant les types primitifs. Les artistes n'avaient plus recours à la nature, mais se soumettaient de plus en plus à une sorte de *poncif* d'école, et suppléaient au manque d'originalité par la profusion des ornements.

Il ne faudrait pas croire, cependant, qu'au point de vue qui nous occupe plus particulièrement les conceptions du Bas-Empire fussent dépourvues de certaines qualités précieuses.

De fait, les artistes grecs conservaient la haute main sur les œuvres d'art, et il semblerait que, renonçant à faire apprécier à leurs maîtres les trésors de goût qui distinguent l'art décoratif grec, ils ne se soient plus attachés qu'à produire de grands effets obtenus à l'aide des éléments nouveaux mis à leur disposition, tout en procédant avec une extrême liberté dans l'emploi des moyens.

Mais cette liberté n'était ni caprice ni fantaisie, elle résultait au contraire de l'application de principes judicieusement contrôlés. Le génie grec, obligé d'opérer dans des conditions nouvelles, loin de se roidir contre la destinée faite à l'art romain, en sut tirer tout le parti possible.

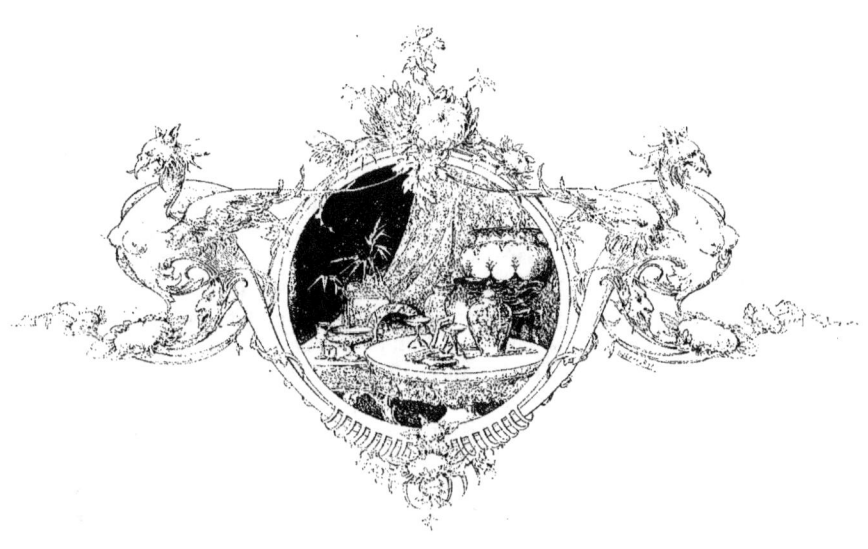

## VII

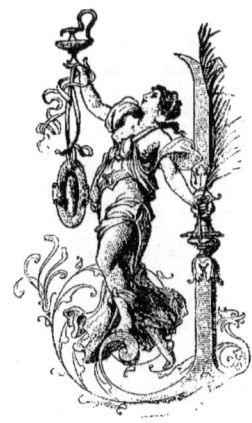

'ai fait voir que si l'art romain s'associait des éléments disparates, opposés même, pour composer la décoration architectonique de l'empire, il était aisé de reconnaître dans les compositions ces origines différentes ; comment, par exemple, les modes de la voûte et de la plate-bande se juxtaposaient sans parvenir à se confondre, conservant chacun, aussi bien dans le système de la construction que dans la décoration, leur caractère propre.

La figure 16 (voir page 29), qui donne la vue d'une portion de la grande salle des thermes d'Antonin Caracalla, bien que reproduisant un monument d'une époque déjà basse, laisse encore apercevoir cette séparation. L'architecte, tout en appuyant la grande voûte sur des colonnes, n'a osé encore enlever à celles-ci l'entablement. Les claires-voies des grands réduits latéraux contenant des bassins sont des ordres complets, colonnes, plates-bandes et corniches. L'idée de faire porter l'arc ou la voûte directement sur le chapiteau de la colonne n'a pu encore se développer. Ce n'est guère que sous Dioclétien que l'on voit à Spalatro commencer cette évolution, laquelle, de prime abord, semble n'être qu'un pas timide, mais dont les conséquences ouvrirent à l'architecture une voie absolument nouvelle en ce que les deux modes, distincts jusqu'alors, allaient se confondre, et que l'un des deux, le mode de la voûte, ne tarderait pas à absorber entièrement l'autre, celui de la plate-bande, — le point d'appui vertical, la colonne n'étant plus alors qu'un *roidisseur*.

Tout un système décoratif nouveau devait s'en suivre dans l'application de ce qu'on est convenu d'appeler : le style byzantin.

C'est aux Grecs qu'on doit encore cet art, fusion puissamment combinée de tous les éléments auxquels pouvait puiser alors la civilisation romaine entre l'Orient et l'Occident.

Cet art assyrien, dont nous avons entrevu la constitution, ne s'était pas éteint sous les ruines de Ninive et de Babylone, il avait laissé des traces suivies pendant la domination des Arsacides et des Sassanides, et continuait en Asie à jeter un vif éclat qui ne fut pas sans influer sur l'art romain des bas temps. On sait alors quelles étaient l'importance et la continuité des rapports entre Rome et toutes les contrées de l'Asie Mineure et de la Perse. Le commerce principal de Rome tirait de ces contrées quantité de produits fabriqués et des matières premières dont il fournissait l'Europe entière et l'Afrique septentrionale. Les Grecs étaient les intermédiaires, les agents de ce commerce prodigieusement étendu, en ce qu'il devait fournir à l'énorme consommation du monde occidental les objets de luxe, les étoffes de soie, les parfums et épices, l'ivoire, des bois précieux, les perles et pierres fines, l'or et certaines tentures fort recherchées.

L'art grec depuis que les Romains étaient les maîtres de l'Attique semble s'être réfugié dans la Syrie septentrionale, où longtemps il suivit son cours, se transformant, adoptant la voûte, cette fois, mais produisant des œuvres qui se distinguent par une extrême liberté dans l'emploi des moyens[1]. Il n'est pas douteux que cet art gréco-syriaque était en pleine floraison, quand l'empire romain fut transféré à Byzance, puisqu'il existe encore quantité d'édifices publics et privés dans ces petites villes, aujourd'hui désertes, de la Syrie septentrionale, qui datent des $IV^e$, $V^e$ et $VI^e$ siècles, et qui sont aussi remarquables par leur style que par le système de structure adopté. Les Romains durent recourir à ces artistes, mais en leur imposant, comme toujours, les grandes dispositions que jamais n'abandonna le peuple roi, et en prenant définitivement le mode de la voûte comme le principe dominant de l'architecture. Toutefois, ce ne fut que vers le $VI^e$ siècle que le style auquel on donne le nom de byzantin acquit son développement, car jusqu'alors, à Byzance comme en Syrie, cette architecture gréco-syriaque était en honneur aussi bien à Byzance que dans les provinces de l'Asie Mineure.

L'église de Sainte-Sophie, rebâtie par Justinien vers le milieu du $VI^e$ siècle, est certainement, malgré les quelques modifications subies par la construction primitive, l'édifice qui peut le mieux donner l'idée du système décoratif adopté dans l'architecture byzantine.

A l'extérieur, plus de ces colonnades, plus de ces ordres parasites qui viennent encore s'accoler aux édifices de la Rome des bas temps.

La forme de la structure seule constitue le système décoratif. On peut certainement supposer que l'édifice n'a jamais reçu à l'extérieur l'ornementation qui lui était destinée; mais il est bien certain que cette ornementation, si elle eût été exécutée, n'aurait consisté qu'en revêtements de plaques de marbre, en mosaïques et enduits colorés, aucune saillie, aucune *attente* ne permettant d'admettre un autre mode. En un mot, ici, les architectes Anthémius de Tralles et Isidore de

[1]. Voyez la *Syrie centrale*, par MM. le comte M. de Vogüé et Duthoit.

Milet n'ont prétendu trouver leurs motifs décoratifs que dans la coloration de la structure rigoureusement déduite du besoin. C'est ce qu'indique suffisamment la figure 17 (voir page 38).

Mais où l'influence orientale se fait sentir, c'est dans l'érection de ces quatre piédestaux, portant quatre statues équestres impériales, devant l'*exonarthex*[1].

L'intervention de la statuaire colossale, à l'extérieur des édifices, appartient exclusivement aux Orientaux y compris les Égyptiens. Et, à ce propos, qu'on me permette une courte digression.

Une des grandes difficultés, en architecture, est de donner à la statuaire l'*échelle* convenable. Les Grecs des belles époques se rendaient si bien compte de cette difficulté, qu'ils l'ont tournée plutôt qu'affrontée, et la statuaire à l'extérieur de leurs édifices ne remplit que des places secondaires, circonscrites par la forme architectonique.

Pendant la bonne époque romaine, les artistes grecs employés par leurs dominateurs semblent ne point s'être écartés de ce principe. Les statues, les bas-reliefs qui décorent les édifices romains sont exécutés à une échelle qui ne saurait diminuer l'architecture et qui, en apparence, ne semble pas dépasser l'échelle humaine. Ainsi, les divers membres de l'édifice conservent leur dimension réelle. D'ailleurs, avec l'emploi des ordres, des bandeaux et corniches, la statuaire colossale eût nécessairement fait paraître ces membres mesquins; car au milieu de ces détails de l'architecture le colosse perd sa valeur réelle, il reprend les dimensions ordinaires et tout ce qui l'avoisine est diminué d'autant.

Il n'en est pas de même lorsque l'architecture ne présente que des masses très simples, car, celles-ci paraissant grandes toujours, la statuaire colossale reprend ses véritables dimensions. Aussi les quelques colosses assis aux côtés des pylônes égyptiens, si simples dans leur masse, ceux adossés aux piliers parallélipipèdes, ceux qui décoraient les entrées des palais assyriens, paraissent réellement grands, l'œil ne pouvant être distrait par les membres de l'architecture qui les entourent.

Supposons ces quatre piédestaux de l'*exonarthex* de Sainte-Sophie décorés de pilastres, de corniches et de détails tels que panneaux et cartouches, supposons que l'édifice soit chargé d'ordres et d'ornements, les statues colossales perdront en apparence une grande partie de leur dimension réelle et rapetisseront tout l'ensemble.

Ce fait peut être observé à l'extérieur du Grand-Opéra nouveau de Paris. Les statues colossales qui surmontent les couronnements, les groupes de grande dimension adossés aux piles du vestibule diminuent la façade principale surchargée de détails, si bien que celle-ci semble mesquine et ne donne pas l'idée d'un vaste édifice. Enlevons, par la pensée, la plus grande partie de ces détails et surtout ce petit ordre des baies, ne laissons que les masses principales, et la statuaire, en reprenant son échelle réelle, grandira d'autant l'ensemble. Si l'on veut appliquer la statuaire colossale à l'architecture, il faut que celle-ci soit extrêmement sobre et ne présente que de grandes lignes, soit dépourvue de ces ordres, pilastres, bandeaux, corniches et moulures saillantes, dont la présence près de cette statuaire colossale fait ressembler l'édifice à un meuble.

1. Bien entendu, ces statues colossales n'existent plus, seuls leurs piédestaux de pierre en marquent la place. Voyez Salzemberg, *Alt-Christliche Baudenkmale von Constantinopel*.

Pour en revenir à la figure 17, il est à croire que les architectes avaient l'intention de revêtir ces grandes surfaces lisses d'un placage de marbre; mais cette décoration n'eût été qu'une

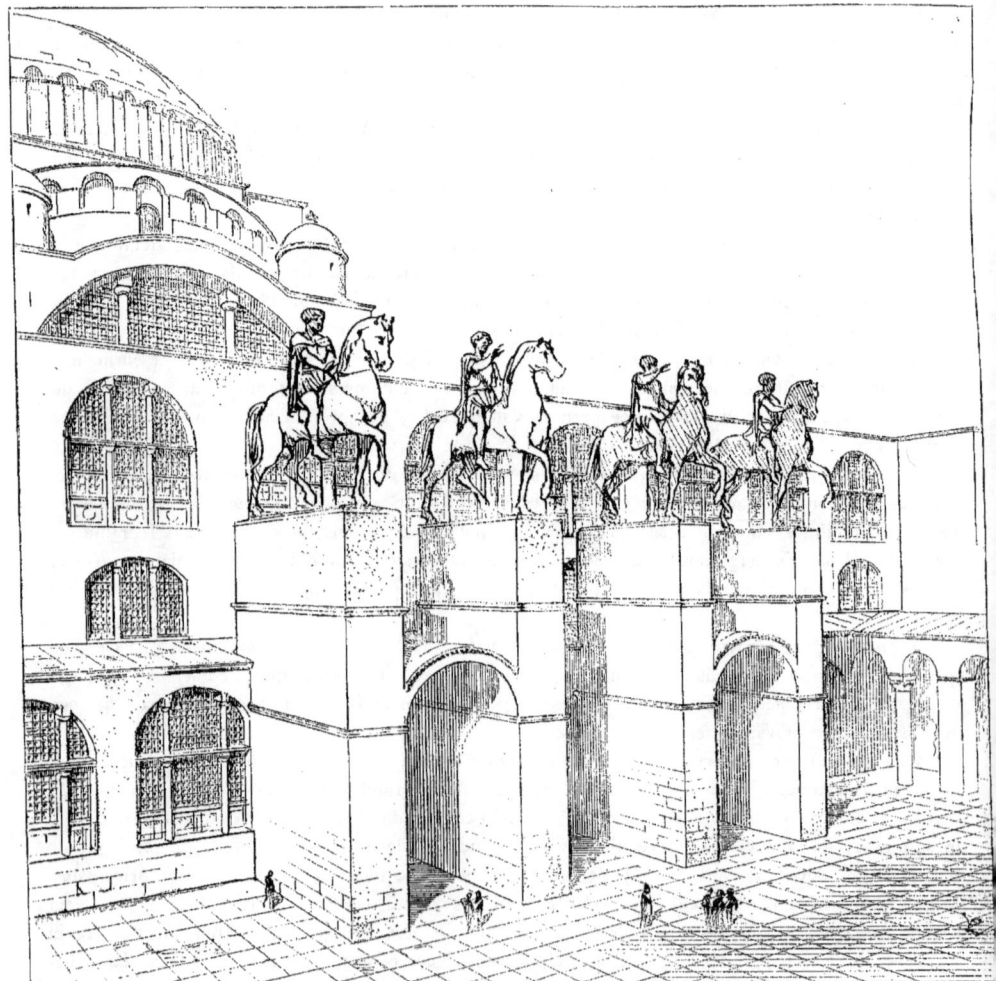

Fig. 17. — Entrée principale de Sainte-Sophie de Constantinople. Exonarthex.
Dessin de Viollet-le-Duc.

tapisserie ne pouvant modifier les lignes simples de l'architecture, ni détruire l'effet grandiose de l'ensemble.

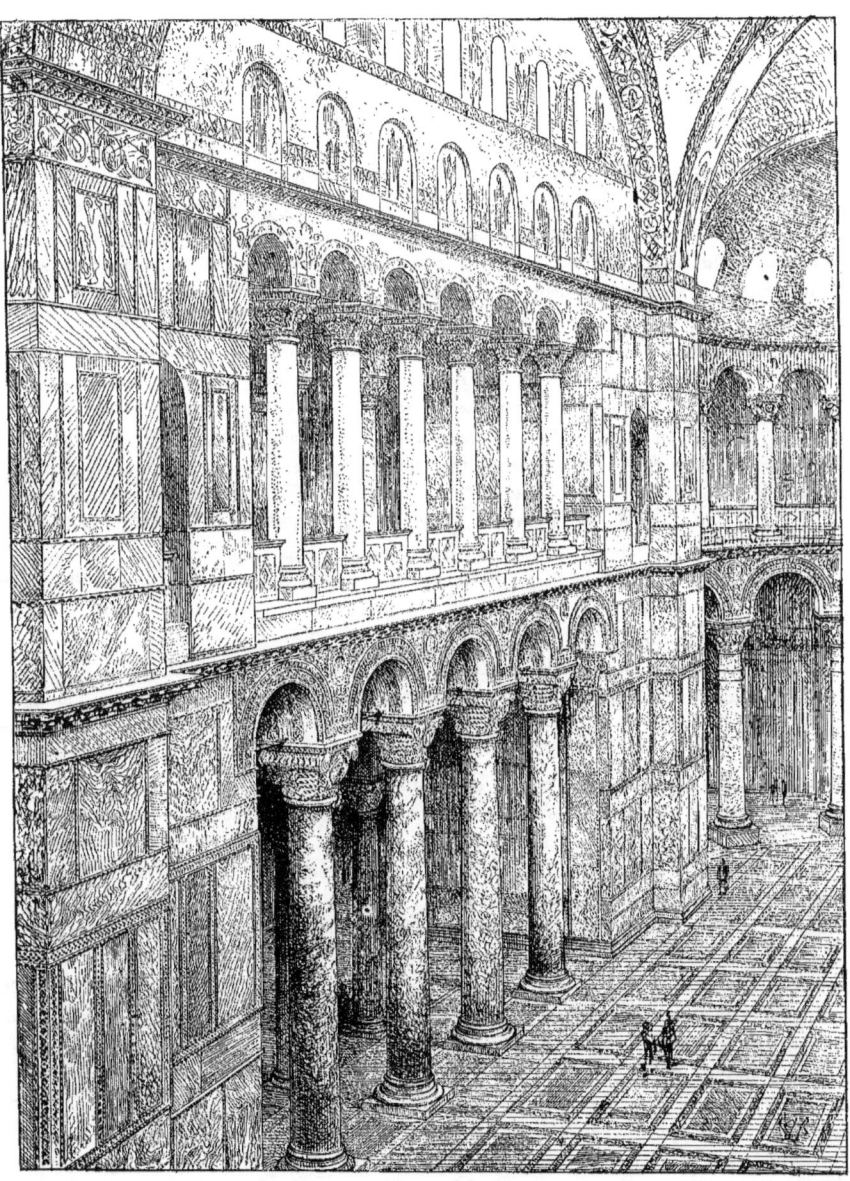

Fig. 18. — Intérieur de Sainte-Sophie de Constantinople.
Dessin de Viollet-le-Duc.

## DE LA DÉCORATION APPLIQUÉE AUX ÉDIFICES.

A l'intérieur, l'église de Sainte-Sophie a été terminée, comme ornementation; et cet exemple est certainement une démonstration excellente en faveur du système décoratif byzantin. La figure 18 (voir page 39) présente une partie de cet intérieur sous la coupole.

La structure reste franchement apparente, l'ossature de l'édifice éminemment compréhensible, et toute la décoration ne consiste sur les parois verticales qu'en placages de tables de marbre serties par des filets très délicats ornés de billettes et, sur les voûtes, qu'en mosaïques à fonds d'or. Des colonnes de marbre d'une puissante coloration, aux chapiteaux de marbre blanc et archivoltes de même matière, supportent les tribunes établies entre les gros piliers. Et, pour mieux laisser apparaître l'ossature principale, ces chapiteaux et les tympans des archivoltes sont couverts d'une sculpture très petite d'échelle, peu saillante et traitée en manière de découpure, ou treillis. Ce sont des accessoires, des membres secondaires qui laissent à la masse imposante de cet intérieur sa parfaite unité. Là, pas de sculptures ronde bosse, pas de ces corniches saillantes, assez ridiculement placées dans un vaisseau couvert, pas de place pour des groupes de statues. Si donc l'église de Sainte-Sophie est très spacieuse, elle le paraît plus encore peut-être qu'elle ne l'est réellement.

A en croire certains classiques, lesquels ont décidé que l'intérieur de Saint-Pierre de Rome est si merveilleusement mis en proportion qu'il ne paraît pas très vaste, Sainte-Sophie serait un édifice manqué, puisque le vaisseau paraît immense. Pour moi, j'avoue n'avoir jamais parfaitement compris comment ce peut être un mérite pour un édifice de paraître petit s'il est réellement grand; mais sur ces questions il n'y a guère à disputer.

Ce qu'il faut considérer surtout dans cette décoration de l'architecture byzantine ce sont les qualités d'harmonie. Les Orientaux sont éminemment doués du sentiment de l'harmonie des couleurs; or, ce qui tout d'abord satisfait les yeux quand on entre dans un édifice oriental, c'est l'extrême délicatesse en même temps que la puissance de la coloration. Soit par instinct, soit par suite d'un calcul, chaque objet est mis à son plan par la façon dont il est sculpté et coloré; jamais on n'est choqué par ces heurts qui tourmentent trop souvent le regard dans nos décorations modernes, par ces inobservances de l'échelle qui sont un véritable supplice pour les yeux et produisent l'effet d'un cauchemar. Chaque détail est rigoureusement soumis à l'ensemble et ne cherche pas à attirer spécialement l'attention.

Dans cet intérieur de Sainte-Sophie on éprouve un sentiment de bien-être et de calme, en même temps qu'une profonde impression de grandeur, et l'esprit est satisfait sans que le regard soit attiré plus particulièrement sur un point. Il semble que cela est, parce que cela ne peut être autrement et que l'œuvre tout entière ait poussé de terre sans effort et sans que le travail ou la difficulté vaincue apparaissent nulle part.

Certes, quand on examine en détail et avec les yeux de la critique toutes les parties de l'édifice, on y signale bien des imperfections, certains points qui accusent la décadence d'un grand art, une pauvreté en même temps qu'une recherche, dans la sculpture d'ornement, qui font regretter les œuvres de l'antiquité grecque, une négligence impardonnable dans l'exécution; mais malgré ces défauts, il y a, dans cet ensemble, une si parfaite connaissance des grands effets décoratifs, qu'on oublie facilement les négligences du détail.

Notre figure 18 (voir page 39), si incomplète qu'elle soit pour donner une idée de l'impression produite par le vaisseau de Sainte-Sophie, permet cependant d'apprécier certaines innovations importantes dues à l'art byzantin. On voit comme les chapiteaux des colonnes sont définitivement composés pour porter les sommiers des arcs et comme leur fine décoration n'altère en rien la fonction de support encorbellé donnée à ces membres de l'architecture.

On voit comme à côté de ces piliers constituant la construction réelle et simplement revêtus de plaques de marbre, sans sculptures, sans saillies qui puissent détruire l'apparence robuste de ces masses, les claires-voies formées de colonnades superposées et terminées par des fenestrages prennent un aspect léger et riche qui indique leur fonction secondaire, en dehors de la structure principale. Il n'est pas jusqu'à la façon dont les jours sont percés pour éclairer ce vaisseau qui n'ajoute à l'effet que produit cet intérieur.

La grande coupole centrale est pour ainsi dire détachée du bandeau circulaire qui la porte par une série de baies rapprochées, si bien que cette énorme calotte semble un voile fixé par des agrafes et soulevé par le vent. A la hauteur où est placée la coupole, cette zone étend ainsi entre elle et l'œil du spectateur une couche lumineuse d'air qui donne à la calotte d'or l'apparence d'une chose transparente. Relativement, les absides antérieure et postérieure sont maintenues dans une demi-obscurité qui fait valoir d'autant la clarté qui inonde le centre, car les tympans latéraux, ainsi que le montre notre figure, sont habilement percés de fenêtres, hautes et larges dans la partie supérieure, plus petites dans la partie inférieure.

Ainsi la lumière du jour est répartie suivant un système de dégradation du sommet à la base, de telle sorte que les parties supérieures semblent plus élevées encore qu'elles ne le sont réellement. Tous les fonds des grands tympans, des arcs-doubleaux, des pendentifs et de la coupole étant dorés (c'est-à-dire composés de petits morceaux de pâte vitrifiée dorés, revêtus d'une légère couche de verre), cette énorme surface d'or est faite pour prendre des tons nacrés, transparents, participant de la lumière elle-même, tandis que les piliers et les colonnades, dans les parties inférieures, par suite de la nature des matières employées, ont une puissance et une solidité de coloration qui fait d'autant plus ressortir l'aspect diaphane des voûtes.

Ces artistes byzantins entendaient donc merveilleusement les grands effets décoratifs, et à ce point de vue ils l'emportaient sur les Grecs et sur les Romains, qui n'ont jamais essayé d'atteindre à la hauteur de cette puissante harmonie de coloristes. Évidemment l'Orient infusait dans l'art de Byzance un élément décoratif que l'Occident n'avait pas encore développé, élément dont on ne peut méconnaître l'importance et la valeur, mais qui a pour nous un grand défaut, c'est qu'il ne saurait se combiner avec d'autres.

On a depuis peu, chez nous, fait venir à grands frais des artisans mosaïstes de Venise, installés à la manufacture nationale de Sèvres, probablement pour introduire ce mode de décoration dans nos édifices. Je n'y verrais pas grand mal si l'on se décidait à appliquer la mosaïque ainsi qu'elle doit l'être, c'est-à-dire en surfaces étendues et n'ayant pour voisinage que des matières riches de ton, des porphyres, des onyx, des jaspes, des albâtres d'Orient. Mais comme il est plus que probable que nous ne trouverons jamais l'occasion de dépenser les sommes fabuleuses qu'exige une décoration de ce genre, je ne vois ce à quoi sera applicable la mosaïque byzantine.

Si cet emploi doit se borner à garnir quelques tympans, quelques frises, quelques médaillons au milieu d'une architecture de pierre enrichie de peintures et de dorures, cet assemblage est des plus désagréables en ce que ces petites parties de mosaïques détonnent si elles ne sont pas accompagnées de matières riches, polies et donnant des jeux de lumière qui puissent s'harmoniser avec les reflets si puissants de la coloration vitrifiée.

La décoration chatoyante des Byzantins est certainement l'une des plus séduisantes qu'on puisse imaginer, mais elle ne peut exister que suivant des conditions particulières, impérieuses, qui n'admettent aucune concession. C'est tout ou rien.

A défaut de l'intérieur de Sainte-Sophie, dont les mosaïques sont d'ailleurs en partie cachées sous un badigeon barbare, on peut facilement visiter un monument dont la décoration intérieure est composée d'après les mêmes données. Nous voulons parler de Saint-Marc de Venise. Là aussi, le mode décoratif byzantin est appliqué dans toute sa rigueur, c'est-à-dire que les mosaïques des voûtes viennent reposer sur des piliers et des murs entièrement revêtus de marbres précieux, d'une tonalité extrêmement puissante. Aussi l'harmonie générale est-elle complète. Mais supposons un instant que cette couverte mosaïque n'ait pour points d'appui que des murs et des colonnes de pierre ou de matières simplement peintes et dorées, l'effet produit serait très déplaisant, et ces colorations vitrifiées si puissantes écraseraient les parties inférieures du vaisseau.

Nous pouvons donc reconnaître au mode décoratif des Byzantins une valeur considérable, mais, si nous voulons l'employer, ce ne peut être que dans les conditions admises par leurs artistes.

A Sainte-Sophie, comme à Saint-Marc de Venise, on observera d'ailleurs que le vaisseau ne comporte aucune sculpture ayant une certaine importance. Pas de bas-reliefs, pas de grande statuaire.

La sculpture décorative des bandeaux, des chapiteaux, affecte même d'être menue, fine, en évitant les fortes saillies, présentant plutôt l'apparence d'une gravure légèrement modelée que d'un relief. Cela était parfaitement raisonné; car dans toute décoration (et surtout dans une décoration intérieure), l'artiste doit prendre le parti, ou de soumettre la sculpture à la peinture, ou de sacrifier la peinture à la sculpture.

Si ces deux arts sont frères, il faut que l'un des deux domine en maître; ils ne sauraient s'associer avec des valeurs égales.

Les artistes italiens des xv$^e$ et xvi$^e$ siècles, qui ont été de si merveilleux décorateurs, ont bien compris la rigueur de ce principe et, dans les beaux exemples laissés par eux, on peut toujours constater la prédominance de l'un de ces deux arts dans leurs compositions décoratives intérieures. Ils ne commencent à abandonner ce principe qu'au moment de la décadence, pendant les xvii$^e$ et xviii$^e$ siècles.

Les salles du Vatican, la chapelle Sixtine, les Stanze, les salles de l'hôtel de ville de Sienne, la bibliothèque du dôme de cette ville, et surtout les intérieurs des palais vénitiens, offrent des champs étendus à la peinture, la sculpture et les membres d'architecture n'intervenant dans ces intérieurs que comme accessoires très secondaires. Et, en effet, il est bien difficile, dans un intérieur, d'associer la décoration relief ronde bosse à la peinture à sujets; car il est évident que le relief détruira toujours l'effet de la décoration plate, et que celle-ci fera paraître la statuaire ou une architecture et une sculpture d'ornement très accentuées, lourdes et encombrantes.

Les Byzantins, comme les Orientaux, ont si bien admis cette loi, qu'ils ont toujours cherché dans les décorations intérieures à mêler la sculpture à la peinture, au point que ces deux arts se confondent ; mais c'est la peinture, ou plutôt la tonalité harmonique qui commande. Cette sculpture ne fait que donner plus de vivacité, plus d'éclat à certains détails qu'il importe de faire ressortir pour éviter la monotonie. Aussi cette sculpture ornementale est-elle plate, très petite d'échelle, découpée vivement (figure 19)[1], et souvent dorée ou rehaussée d'or. C'est comme un bijou posé sur une étoffe diaprée.

Plus tard, la Perse, dans ses édifices, a adopté le même système, que nous trouvons également suivi rigoureusement dans l'architecture dite arabe.

Autant qu'il est possible d'en juger par les restes de la décoration architectonique de la Grèce antique, on ne saurait guère douter que les artistes de cette époque n'eussent un principe harmonique de coloration, comme ils avaient incontestablement adopté un système pour l'emploi des proportions. On reconnaît bien à Pompei certaines données harmoniques de tons et, de même que chez les Byzantins, l'emploi d'une sculpture sobre et très fine avec les peintures. Mais, malheureusement, aucun de ces édifices de la Grèce antique ne nous étant laissé complet, il est difficile d'établir à coup sûr un mode incontestable ; tandis que chez les Byzantins nous possédons des exemples suffisamment nombreux pour permettre une appréciation exacte.

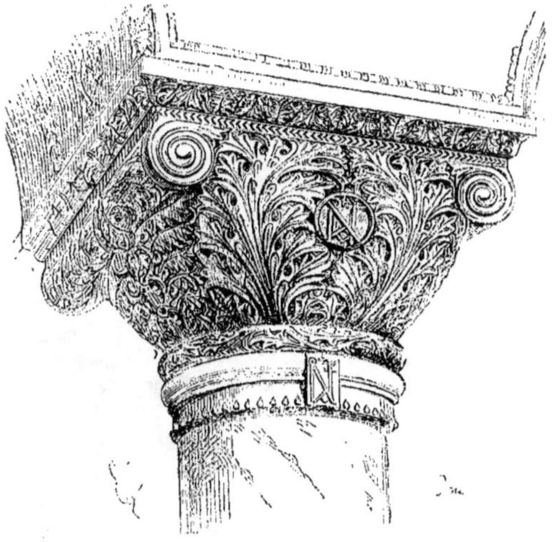

FIG. 19. — CHAPITEAU DE SAINTE-SOPHIE DE CONSTANTINOPLE.
Dessin de Viollet-le-Duc.

Les Grecs, comme les Romains, employaient l'or dans la décoration, comme *rehauts* plutôt que comme fonds, et il est à supposer que l'adoption des fonds d'or en grandes surfaces est une importation orientale ; quoi qu'il en soit, dès l'instant où l'or devenait le fond, le point de départ d'un système décoratif, toutes les conditions harmoniques devaient être soumises à ce premier élément.

L'or, en grandes surfaces, prend des tons très variés, les uns brillants, d'autres sourds et profonds, et des ombres intenses. Il fallait donc, pour lutter avec ce premier élément, des colorations extrêmement puissantes et rompues, en n'admettant les couleurs pures qu'en très petites parties, des blancs gris ou jaunâtres et un tracé noir assez accentué, pour détacher les figures ou les ornements dont les demi-teintes pouvaient se confondre souvent en tant que valeur, avec celles de l'or ; et comme ces mosaïques ou peintures à fond d'or étaient plus spécialement réservées pour les voûtes et les parties hautes des vaisseaux, il fallait, — si l'on entendait que ces peintures ou mosaïques ne parussent pas écraser les parties inférieures, les

1 Chapiteau de Sainte-Sophie de Constantinople, rez-de-chaussée, intérieur.

piles et colonnes, — il fallait que ces soubassements acquissent une solidité et une richesse de ton qui pût lutter avec l'intensité chaude des colorations supérieures et les vaincre même.

Les artistes byzantins ont habilement résolu le problème, et les voûtes de leurs édifices, si intense que soit leur parti décoratif, paraissent toujours porter facilement sur les soubassements, tant ceux-ci sont vigoureusement colorés. A ce point de vue, l'intérieur de Saint-Marc de Venise est très intéressant à étudier et est un bon enseignement. Mais, encore une fois, la décoration byzantine est tout d'une pièce, il faut l'accepter telle qu'elle est, mais ne point essayer de la mêler avec tout autre système, sous peine de causer les plus désagréables surprises.

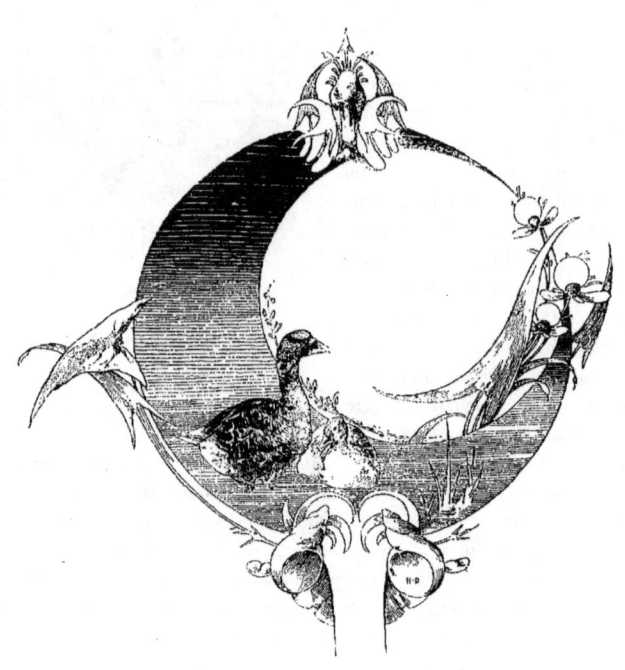

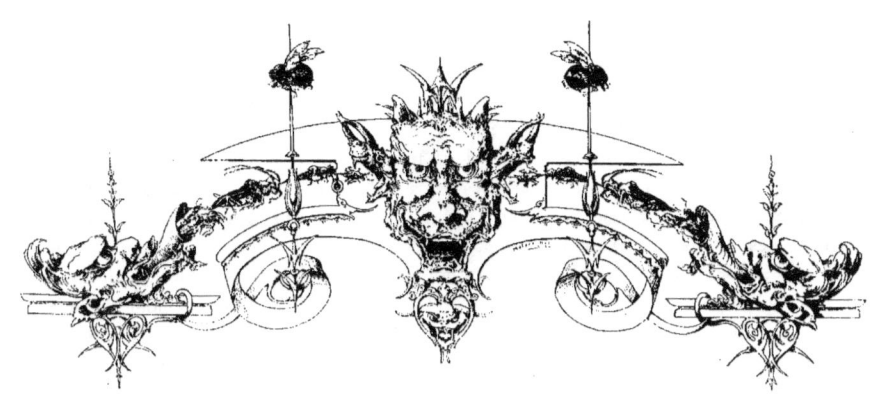

## VIII

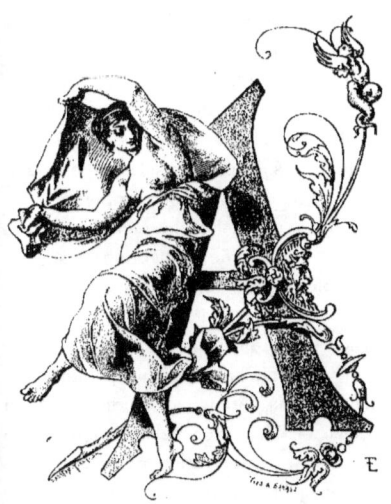

Ajoutons encore quelques mots à ce que nous avons dit des procédés adoptés par les artistes byzantins. Les fonds d'or, obtenus au moyen de petits cubes de pâte de verre dorés, prennent une tonalité bien autrement chaude que celle donnée par les fonds simplement dorés à plat sur enduit; ces millions de petits cubes sont retenus par un ciment brun qui laisse un joint entre chacun d'eux ; puis ceux-ci ne sauraient être si correctement posés, que leurs surfaces dorées se présentent absolument tangentes aux sphéroïdes ou sur un plan parfaitement droit. Il en résulte des incidences de reflets qui font chatoyer ces paillettes d'or juxtaposées et qui produisent un effet d'une harmonie singulière et d'une grande intensité de coloration, et c'est pour cela que les marbres très chauds ou brillants de ton sont les seules matières qui puissent lutter avec ce mode de décoration.

Quand les artistes byzantins ne pouvaient employer la mosaïque, mais qu'ils recouraient à la peinture, leurs décorations sont au contraire très claires et sobres, les fonds blancs y tiennent une grande place, et les ornements ou figures, colorés de tons rompus, se détachent en vigueur. Tout ceci prouve que ces artistes byzantins étaient des coloristes dans la véritable acception du mot, et c'est à propos de cette qualité qu'on me permettra d'émettre quelques appréciations théoriques confirmées par la pratique ; d'autant qu'aujourd'hui, quand nous appliquons la peinture à nos édifices, c'est un peu au hasard et sans se rendre compte des conditions de cette application; aussi, malgré des efforts très louables et l'emploi d'artistes d'une grande valeur, les résultats sont généralement peu satisfaisants.

On ne redevient pas coloriste (en fait de décoration monumentale) du jour au lendemain quand on a cessé d'observer les lois générales imposées à cette branche de l'art, et même en s'adressant à des artistes qui ont appliqué les qualités de coloriste sur des toiles isolées. Et les Paul Véronèse, les Tintoret, les Tiepolo, n'ont pas procédé dans la décoration appliquée aux édifices, comme ils procédaient s'il s'agissait d'un tableau. Ces maîtres, bien qu'on ne puisse comparer leurs œuvres décoratives à celles des Byzantins, par exemple, ont, au fond, appliqué les lois, d'origine évidemment orientale, que ces artistes byzantins avaient si bien su observer.

Le principe est le même. D'abord, soumission de la forme architectonique à la peinture ; puis, appréciation exacte, méthodique, des tonalités, de manière à faire concourir l'ensemble vers une unité. Je m'explique : Si un peintre fait un tableau, il n'ignore pas qu'au point de vue de la composition aussi bien que de la coloration, il devra présenter un point dominant auquel tous les autres seront plus ou moins sacrifiés mais que par cela même ils feront valoir.

Il est évident que s'il s'agit de décorer une salle, soit à l'aide des ornements peints, soit par des sujets — cela importe peu — l'artiste se trouve dans des conditions différentes. Chacun de ces sujets, si ce sont des sujets, ou chacune de ces compositions d'ornement, s'il s'agit d'ornementation, est une chose complète et qui doit en elle-même présenter cette unité ; mais cependant si l'on entend que la peinture décorative de cette salle n'offre pas seulement aux regards une exhibition de peintures sans relation entre elles, ainsi qu'un musée, il faut bien établir entre ces compositions diverses une corrélation, une harmonie d'ensemble ; de telle sorte que le spectateur éprouve, en pénétrant dans cet intérieur, une impression qui ne soit pas diffuse et que ses regards viennent se concentrer tout d'abord vers un point principal, dominant l'ensemble.

Je suis loin de m'élever contre les musées ou les expositions annuelles de peinture, mais, sous le rapport de l'esthétique, elles ont un grave inconvénient, ç'a été de déshabituer les yeux du public et même des artistes de ces grands effets d'ensemble. Il est certain que, dans une exposition, chaque artiste n'a qu'une pensée fort légitime, c'est d'écraser tout ce qui l'entourera. Il en est de même lorsque, pour décorer une salle, on s'adresse à plusieurs mains ; et même lorsque la peinture de cette salle est confiée à un seul artiste, celui-ci, habitué à ne peindre que des tableaux, ne se résout pas à faire que celui de droite n'attire pas autant l'attention que celui de gauche et *vice versa*, et que tous deux ne luttent pas avec la décoration de la voûte ou du plafond. Si, en outre, l'architecte, qui généralement n'entend rien à la décoration peinte, tient de son côté à ce que son architecture ne soit pas sacrifiée à la peinture, on voit que tous ces efforts ne sauraient atteindre un résultat satisfaisant. Le peintre, l'architecte ont cru faire pour le mieux, n'ont rien négligé, et l'ensemble ne produit, au total, qu'un assez pitoyable effet.

Il va sans dire que ni l'architecte ni le peintre ne tiennent grand compte des conditions de la lumière et de la manière dont elle se répartit dans cet intérieur. Habituellement, l'un et l'autre, s'ils y prennent garde, essayent au contraire de lutter contre les conditions dans lesquelles elle se présente.

Le peintre, sur un trumeau opposé au jour, prendra un parti clair et sur la surface en pendant, exposée en pleine lumière, procédera suivant une coloration puissante. Ainsi, pense-t-il avec raison, chaque partie de son œuvre sera vue et appréciée..., mais l'ensemble !

Je cite cet exemple entre cent autres, pour faire comprendre que le décorateur doit avant

## DE LA DÉCORATION APPLIQUÉE AUX ÉDIFICES.

tout s'aider des conditions qui lui sont faites et non les combattre, s'il veut obtenir un effet satisfaisant.

Il suffit d'examiner les décorations intérieures des Vénitiens pour voir quelle attention ces artistes ont apportée dans la concordance de leurs compositions avec le milieu où elles doivent être placées, comme ils ont su profiter de la lumière, et comme jamais l'architecture ne vient gêner le peintre ; comme ces artistes vénitiens font valoir, par exemple, les tons clairs et gris d'un plafond en posant sur les parois verticales, soit des boiseries d'un ton très intense, soit des colorations extrêmement chaudes et sombres ; comme ils tiennent compte de la qualité de la lumière reflétée, et comme même ils la modifient dans certains cas par la valeur des tons posés sur les parties reflétantes.

A ce point de vue, les Orientaux sont d'habiles gens.

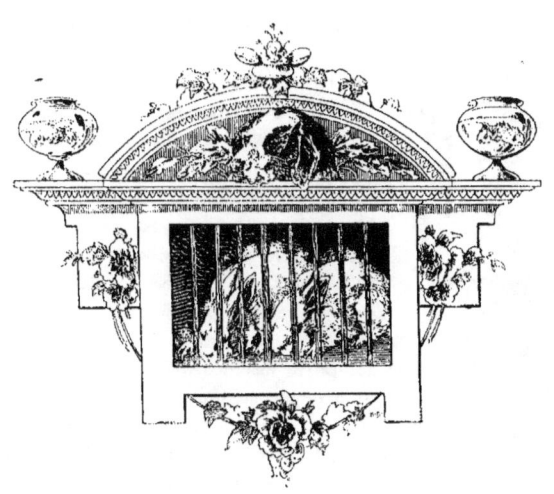

## IX

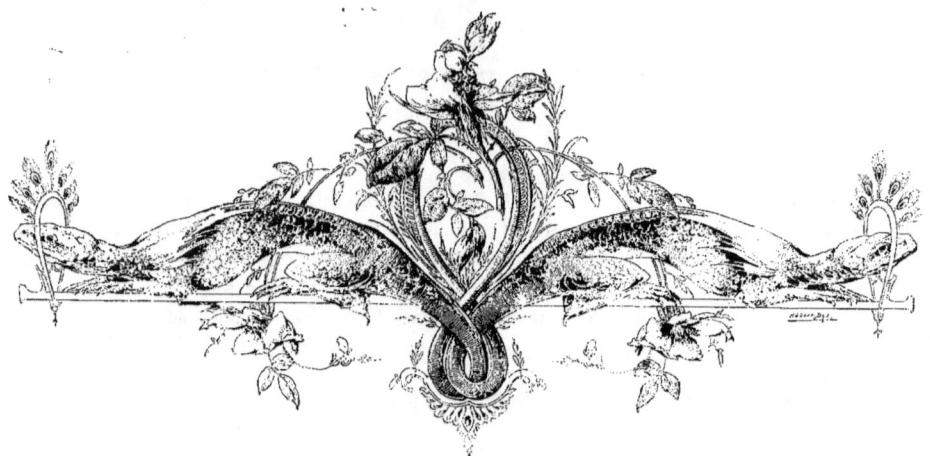

ous les climats de l'Orient, la lumière du soleil a une telle intensité, qu'elle se reflète avec une puissance dont nous n'avons pas l'idée sous notre ciel chargé de vapeurs. A propos de la décoration des édifices de l'Égypte et de l'Assyrie, j'ai déjà fait ressortir les conditions imposées par l'éclat de la lumière aux artistes sculpteurs et peintres; je n'y reviendrai donc pas. Mais la décoration des intérieurs des édifices orientaux est tout entière aménagée en vue de tirer tout le parti possible de la lumière reflétée, comme de tenir compte de la puissance de la lumière directe à l'extérieur par l'heureuse répartition des ombres et des clairs.

A cet égard, les édifices du Caire, ceux de la Perse ont une valeur décorative incontestable.

Il est à remarquer qu'en Égypte, en Assyrie, en Perse, en Syrie, pendant la période antique, aussi bien que pendant l'époque du Moyen-Age, le procédé décoratif appliqué aux extérieurs des édifices part du même principe : larges surfaces unies et, sur certains points, ornementation très brillante mais très délicate, le soleil se chargeant de faire ressortir tous les détails les plus menus.

Si en Égypte ces larges surfaces sont généralement couvertes de sculptures, celles-ci sont plates, obtenues aux dépens du parement et colorées; l'ombre et la lumière qui les cernent se chargeant de faire le trait; mais la masse n'en demeure pas moins plate et prend une grande valeur lumineuse malgré les colorations qui couvrent les parements. Nous avons vu qu'en Assyrie ces surfaces sont simplement couvertes d'un ton, avec des lignes qui dessinent des ombres vives

DE LA DÉCORATION APPLIQUÉE AUX ÉDIFICES.

n'ayant que la valeur d'un tracé pour accuser l'horizontale ou la verticale. Mais sur quelques points s'accumulent les détails, pour faire valoir d'autant les parties unies.

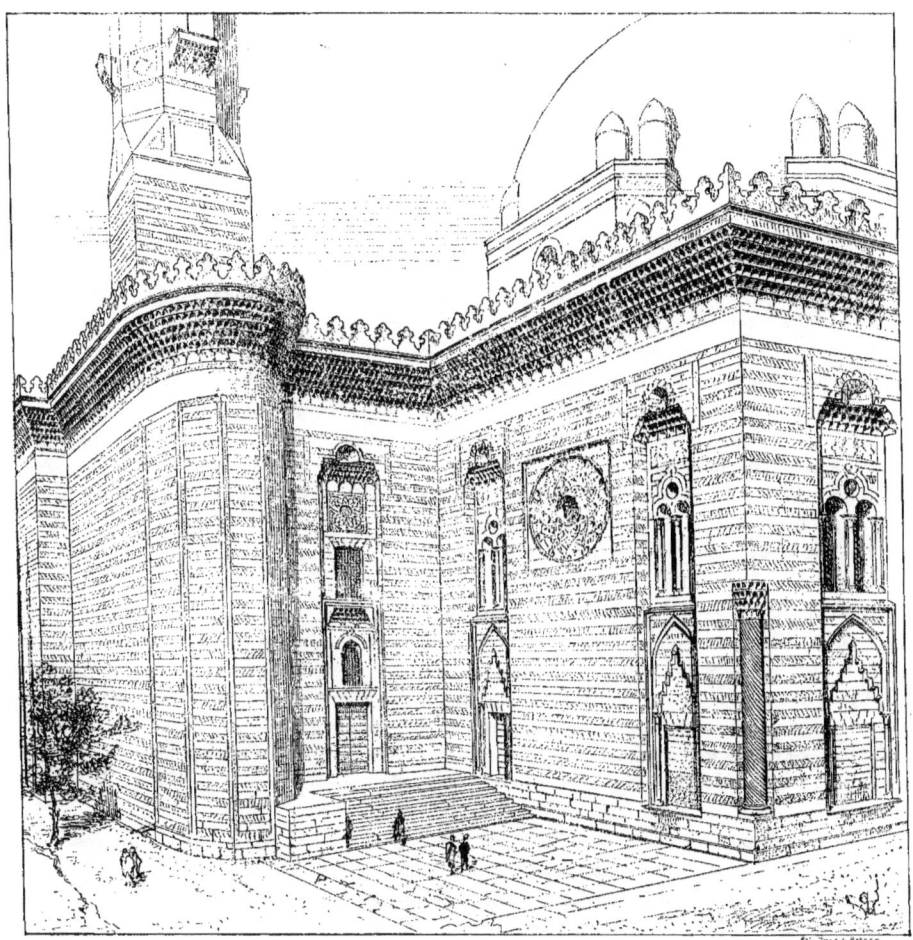

Fig. 20. — Extérieur de la mosquée Hassan, au Caire.
Dessin de Viollet-le-Duc.

Certains édifices du Caire, bien que leur architecture n'ait aucun rapport avec le style égyptien antique, appliquent cependant ce principe. Nous en donnons comme exemple l'extérieur de la mosquée Hassan, l'une des plus vastes du Caire. Bâtie vers la fin du xiv<sup>e</sup> siècle (757 de l'hégire), elle fut terminée en trois années et présente un caractère d'unité très remarquable (figure 20, page 49).

Ses hautes murailles sont élevées en assises de pierres alternativement blanches et colorées en rouge et couronnées par une haute corniche composée d'alvéoles en encorbellement qui accrochent la lumière de la manière la plus heureuse et forment une ceinture d'un effet brillant terminée par une sorte de crénelage se découpant sur le ciel.

Les larges parements unis sont ainsi colorés de deux tons que le soleil se charge d'envelopper sous un glacis lumineux, tandis que, sur certains points, de précieux détails d'architecture donnent des ombres d'une extrême vivacité qui font ressortir la grandeur des surfaces lisses.

Nous voyons que les Vénitiens dans la composition du Palais Ducal ont suivi le même principe : grandes surfaces planes colorées par la différence de ton de la pierre employée, puis zones brillantes d'architecture, vivement accusées par la richesse de la sculpture et des ombres d'une netteté parfaite, couronnements découpés sur le ciel, angles précieusement ornés pour éviter la sécheresse des plans se coupant à angle vif.

On peut dire que la décoration extérieure des édifices de l'Orient (et nous rangeons le Palais des Doges à Venise dans cette catégorie) est composée par des coloristes, par des artistes qui savent se servir de la lumière solaire pour produire les plus grands effets autant par le choix même des matières colorées que par l'observation extrêmement délicate de la répartition des ombres et des grandes masses lumineuses.

Nous trouverons ces qualités développées dans les édifices de la Perse dont l'aspect extérieur produit un si grand effet, et qui d'ailleurs sont si bien entendus en raison du climat et des besoins.

La figure 21 (voir page 51) donne la vue d'une des entrées des grandes salles de la mosquée du Medreceh-Maderi-Chah-Sultan-Hussein, à Ispahan[1]. La cour principale carrée est entourée de deux étages de cellules avec logettes.

Dans les deux axes s'ouvrent des salles couvertes en coupoles et précédées de ces vastes porches d'un aspect si grandiose.

La construction, élevée en brique et moellon, est entièrement revêtue de plaques de faïences émaillées dont les colorations sont combinées avec un art infini.

Ainsi, cette coupole présente une ornementation blanche jaunâtre sur un fond turquoise cerné de brun. Les fûts des minarets se détachent en vigueur, et la grande arcade est entourée d'une large inscription blanche sur bleu profond.

Il n'est pas possible, dans un croquis, de donner une idée de l'effet produit par ces tonalités sur le ciel, des reflets des voûtes rehaussées de tons d'or, de la clarté, de l'intensité et de la transparence de ces revêtements sous l'atmosphère limpide de la Perse. Il faut que l'imagination du lecteur supplée à l'insuffisance de nos procédés de rendu. Mais nous pouvons du moins faire comprendre l'unité du système. Pas de saillies, pas de bandeaux, pas de corniches, pas de sculptures ; des parements unis, la structure rigoureusement apparente, et toute la décoration obtenue à l'aide d'un seul procédé : la coloration émaillée, comme une tapisserie recouvrant toutes les surfaces.

1. Voyez les *Monuments modernes de la Perse*, par Coste.

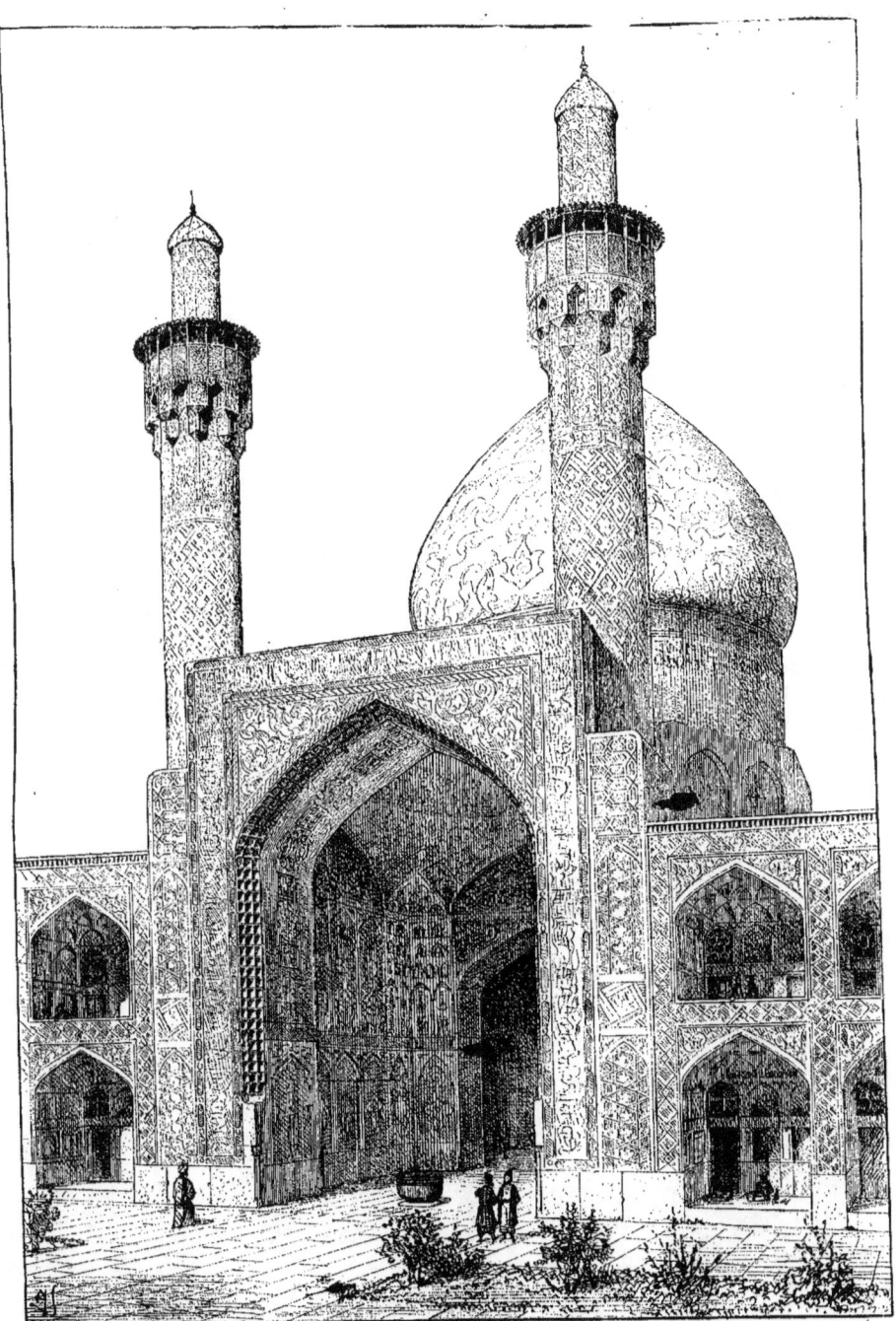

Fig. 21. — Cour de la mosquée du Medreceh-Maderi-Chah-Sultan-Hussein, a Ispahan.
Dessin de Viollet-le-Duc.

Cette absence de toute saillie à l'extérieur est évidemment ici un parti pris. La coloration seule est appelée à produire un effet que nul détail architectonique ne doit déranger. Il s'agit d'obtenir cet effet uniquement de la lumière solaire directe sur une surface colorée. Il n'en est pas ainsi à l'intérieur : les voûtes, qui ne sont éclairées que par reflet, présentent au contraire une succession de plans variés, d'alvéoles qui appellent l'ombre et font valoir d'autant les lumières reflétées.

Tout le monde connaît ce système décoratif des voûtes ou plafonds, qui consiste en combinaisons cellulaires produites par un tracé géométrique, et qui produit un si charmant effet d'ombres et de reflets que l'or et les couleurs viennent encore augmenter.

Je ne m'étendrai pas davantage sur ces décorations orientales, lesquelles partent toujours des mêmes principes, et si j'en ai donné quelques exemples, c'est pour faire ressortir la nécessité d'adopter dans la décoration appliquée aux édifices un parti franc lorsque l'on veut obtenir un grand effet; de ne pas mélanger divers systèmes décoratifs qui ne sauraient s'allier parce qu'ils appartiennent chacun à un ordre de conception logique et différent.

Il est évident d'ailleurs que la nature du climat, de la lumière doit avoir une influence considérable sur le parti décoratif qu'il convient d'adopter soit à l'extérieur soit à l'intérieur; que, par exemple, cette sorte de tapisserie de faïences émaillées si heureusement appliquée sur les constructions de la Perse, sous un ciel d'une pureté sans pareille, ne conviendrait guère sous notre ciel souvent brumeux; que ces effets intérieurs obtenus là où la lumière est assez intense pour produire des reflets très vifs, seraient absolument perdus sous un climat où la lumière solaire est voilée.

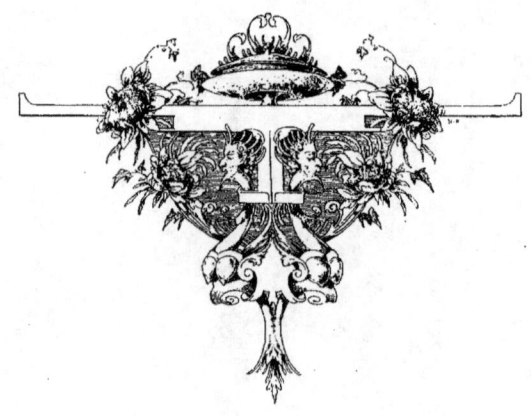

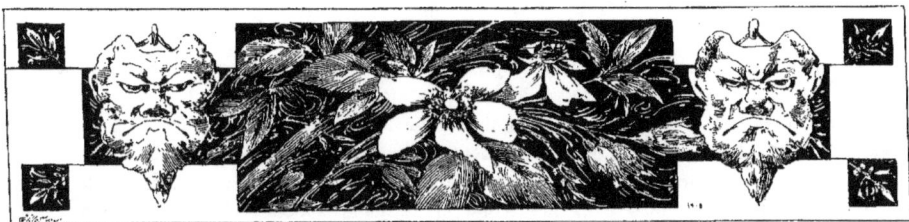

## X

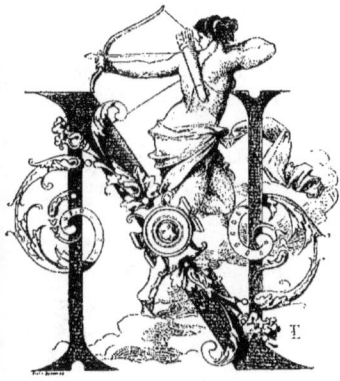

os artistes du Moyen-Age l'ont bien compris lorsqu'ils ont cherché les effets décoratifs intérieurs au moyen de la coloration translucide, au moyen des vitraux colorés, et lorsqu'ils ont obtenu les effets décoratifs extérieurs à l'aide de silhouettes très énergiquement accentuées et de surfaces profondément fouillées afin de suppléer à l'insuffisance de la lumière solaire par des détails d'architecture multipliés qui forçaient, pourrait-on dire, cette lumière molle à produire des ombres vives.

A ce point de vue, l'architecture française du Moyen-Age mérite une attention particulière; car, si, comme structure, elle s'appuie sur des éléments scientifiques parfaitement observés et déduits, comme ornementation, elle tient grand compte des conditions climatériques.

A quoi bon, par exemple, employer à l'extérieur de nos édifices des matières d'une coloration diverse quand après peu d'années il se produit sur le tout un glacis gris qui donne à ces matières un aspect uniforme? A quoi bon des sculptures très saillantes et très exposées si ces sculptures, accrochant la poussière et l'humidité, produisent des points obscurs sur les fonds demeurés plus clairs et présentent ainsi aux yeux un véritable renversement de l'effet qu'on désire obtenir puisque ces fonds plus clairs semblent venir en avant sur ces parties sculptées? A quoi bon des groupes colossaux de statuaire surmontant les corniches, si ces œuvres se colorent en dépit du modelé et produisent bientôt l'effet le plus confus en ce qu'on ne peut distinguer les ombres des clairs ou plutôt que ceux-ci prennent une teinte sombre, tandis que les parties enfoncées conservent une tonalité claire parce qu'elles sont abritées?

Mais l'enseignement de l'architecture, chez nous, se garderait bien de s'occuper de ces questions, et pourvu qu'une façade ait un aspect séduisant sur le papier, on ne s'inquiète guère de savoir quelles sont les conditions qui lui seront faites après qu'elle aura été élevée, comment elle sera éclairée, si certains matériaux plus poreux ne prendront pas plus rapidement la poussière et l'humidité que d'autres voisins et ne formeront pas ainsi des taches qui modifieront complètement les proportions dont on espérait obtenir un effet satisfaisant; si les parties qu'on voulait claires ne se couvriront pas promptement d'une teinte sombre et *vice versa*.

Il en résulte que, si les édifices dans lesquels ces conditions ont été observées gagnent en vieillissant, ceux que l'on élève sans se préoccuper des modifications de coloration subies par les matériaux mis en œuvre perdent chaque jour davantage les qualités que l'artiste avait prétendu leur donner et qui pouvaient apparaître au moment où les échafauds étaient enlevés.

Il est une autre question plus importante qui semble avoir préoccupé les architectes de notre Moyen-Age et de la Renaissance dans la décoration de leurs édifices : c'est d'approprier cette décoration à l'objet. Il est certain que la décoration convenable pour une église ne saurait s'appliquer à un palais, ni celle d'un palais à une maison, ni même celle d'une habitation urbaine à une habitation des champs; ce sont là des vérités banales, mais, si banales qu'elles soient, on n'en tient pas grand compte aujourd'hui; ces distinctions n'étant pas établies dans l'enseignement que l'on fournit à nos jeunes artistes à l'École des Beaux-Arts.

Cependant, lorsque les architectes de la Renaissance se mirent à étudier l'antiquité romaine, ils ne se laissèrent pas entraîner à revenir aux formes de cet art sans tenir compte de l'opportunité de leur application, suivant les circonstances.

Il faut même reconnaître que, tout en adoptant ainsi des éléments décoratifs nouveaux, ils n'abandonnèrent pas tout d'abord les principes judicieux qui guidaient leurs prédécesseurs. Ce n'est guère que vers la fin du $xvi^e$ siècle et pendant le $xvii^e$, que l'on vit la partie décorative de l'architecture imitée de l'antiquité s'appliquer indifféremment à toute espèce d'édifice sans tenir compte de l'affectation. C'est alors qu'on vit naître cette sorte de culte pour les *ordres* romains qui fut cause que tout architecte ne se croyait pas quitte envers le public et à ce qu'il se devait à lui-même, s'il n'avait plaqué un de ces ordres sur une façade. Ce fut là une étrange manie et qui n'a pas entièrement été abandonnée.

Ces ordres, on les mit à toute sauce; tantôt on les disposait en manière de hors-d'œuvre, comme sur la façade orientale du Louvre; tantôt on les élevait sur toute la hauteur d'une façade, en bouchant les intervalles entre les colonnes ou pilastres, de murs percés de fenêtres en raison des étages; tantôt on les superposait suivant la superposition même de ces étages. Que l'édifice fût église, palais, théâtre, habitation, hôtel de ville, etc., la préoccupation de l'architecte était, avant tout, d'*étudier son* ou *ses* ordres; et ceux qui ne se soumettaient pas à cette condition singulière étaient taxés tout au moins de se laisser guider par leur *fantaisie;* comme si de toutes les fantaisies la plus étrange n'était pas d'appliquer un même mode décoratif à des séries d'édifices différents entre eux par leur destination, par leur forme et leur usage?

Ce qui fait de la belle période de la Renaissance un art d'une valeur incontestable, c'est le choix du parti décoratif. Au point de vue de la structure, de l'emploi judicieux et raisonné des matériaux mis en œuvre, la Renaissance est en décadence manifeste sur les époques antérieures, mais la décoration des édifices se montre avec une distinction singulière. Jamais rien d'outré, de prétentieux; jamais le *gros* ne prétend s'imposer pour le *grand*. C'est un art délicat, fait pour des délicats, qui malheureusement ne se développe pas suivant son premier essor, mais dévie bientôt par la recherche du majestueux et d'une imitation sans critique de l'art romain.

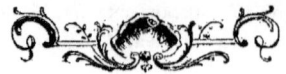

## XI

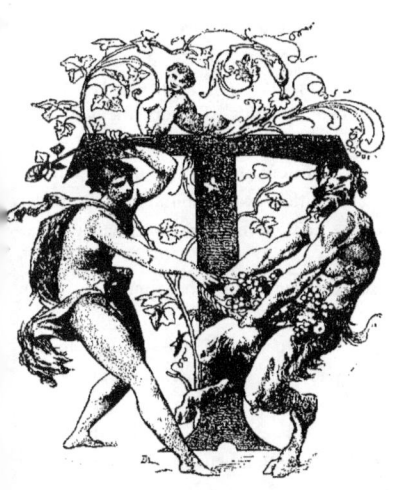

Tout le monde connaît ces charmantes productions de la première moitié du XVIᵉ siècle; productions si françaises, qui s'allient si parfaitement à la nature de notre esprit, auquel l'exagération, l'enflure, le pompeux sont antipathiques.

Il y avait alors en France trois écoles distinctes : l'école qui s'étendait de la Normandie et de l'Ile-de-France aux bords de la Loire, l'école bourguignonne et l'école languedocienne; toutes trois sœurs, mais possédant leur originalité.

Alors le fanatisme de la symétrie, de ce qu'on appela plus tard la *belle ordonnance,* n'existait pas. La décoration des édifices se soumettait aux besoins commandés par la disposition architectonique et ne prétendait pas s'imposer; elle parait le corps sans prétendre soumettre ses fonctions à l'habit.

Il me suffira de donner ici un exemple de cette application de la décoration à un édifice de cette époque pour faire saisir d'un coup d'œil ce qui vient d'être exposé.

Il s'agit de la petite cour du lycée actuel de Toulouse (figure 22, page 57), autrefois hôtel Bernuy, où François Iᵉʳ, dit-on, fut reçu en 1533. De cette cour, il ne reste que deux côtés dont notre figure donne un aperçu. A droite est la cage d'un petit escalier qui monte à la loge supérieure donnant sur la façade extérieure et sur cette cour. A gauche, un arc d'une seule volée forme abri et dégage le sol.

On le voit, rien de symétrique en tout ceci; l'architecte s'est préoccupé avant tout de trouver les dispositions les plus commodes, de satisfaire aux besoins imposés par la nature de l'habitation, et, ce premier point obtenu, il a cherché les motifs de décoration. Ici, comme dans tous les édifices de la bonne Renaissance française, le décorateur s'est attaché à orner les parties abritées et à placer près de l'œil les sculptures les plus délicates. C'est ce qui apparaît clairement dans ces colonnettes finement ornées au-dessus de la base, dans ces voussures refouillées de caissons avec rosaces. L'idée de faire de l'entablement du rez-de-chaussée une balustrade ajourée est certainement des plus ingénieuses et des plus rationnelles. On remarquera que si la sculpture précieuse est prodiguée sur les points où l'œil peut l'apprécier, elle n'est pas inutilement attachée aux parties hautes qui ne sont décorées que par les profils et les ressauts de l'architecture, et cependant la délicatesse de l'ornementation inférieure n'empêche pas les supports de paraître assez robustes pour porter les parties supérieures.

Cette liberté dans l'emploi des procédés décoratifs, qui s'allie si bien au génie français, ne devait avoir qu'un règne éphémère; car, vers la fin du xvi$^e$ siècle, un goût italien assez mal compris vint s'imposer chez nous sous les derniers Valois.

A cette grâce, libre dans ses allures, se substitue une décoration gourmée, sacrifiant tout à la symétrie et à cet engouement pour les ordres. C'est le commencement de l'ère du classicisme. Et cependant que d'œuvres remarquables et d'une belle entente s'élèvent encore jusque vers la seconde moitié du xvii$^e$ siècle! Combien ces constructions de l'époque de Louis XIII et du commencement du règne de Louis XIV présentent encore de beaux sujets d'étude au point de vue décoratif! Le vieux génie français protestait, pourrait-on dire, avec la vigueur de son tempérament, contre les tendances de plus en plus fausses qui devaient triompher enfin sous le régime académique. L'art allait devenir officiel, frappé de l'estampille royale, soumis au contrôle d'une surintendance absolue dans ses arrêts; et aujourd'hui encore nous subissons les conséquences de ce régime énervant.

Il y eut cependant au commencement du xvii$^e$ siècle, après les guerres de religion, pour l'art français, une période de splendeur.

Je ne m'étendrai pas ici sur les causes qui amenèrent cette éclosion; il me suffira de les indiquer. Vers sa fin, la Renaissance avait dévié. Ne reposant pas sur un principe défini à son origine, n'étant, comme il est dit plus haut, qu'un vêtement nouveau posé sur un corps usé, il ne lui avait pas été donné de le rajeunir. En même temps que la structure — dont l'architecture ne saurait se passer et qui doit même commander la forme — tendait chaque jour vers son déclin, les artistes, n'en tenant guère plus compte, la couvraient d'une décoration de plus en plus chargée et irraisonnée. Les édifices qui datent de la fin du xvi$^e$ siècle nous montrent, en effet, une ornementation dans laquelle la richesse n'est souvent que la confusion, une superfétation de détails qui n'ont pas toujours une corrélation avec l'ensemble, une influence italienne admise sans critique, une recherche de l'étrangeté plutôt que l'originalité.

La période des guerres religieuses, au moment de la crise aiguë, coupa court à cet art s'en allant à la dérive et, lorsque le calme fut rétabli, les mœurs avaient subi une transformation. Au sein des nations vivaces, les grandes calamités sont un enseignement et il se produit alors dans l'esprit public une réaction en faveur des idées saines; les caractères trempés, énergiques, prennent la tête et exercent une influence sur toutes les expressions du génie national, dans les arts comme dans les lettres, dans la philosophie comme dans la politique.

Quand donc, vers les premières années du xvii$^e$ siècle, après tant de désastres, le pays put

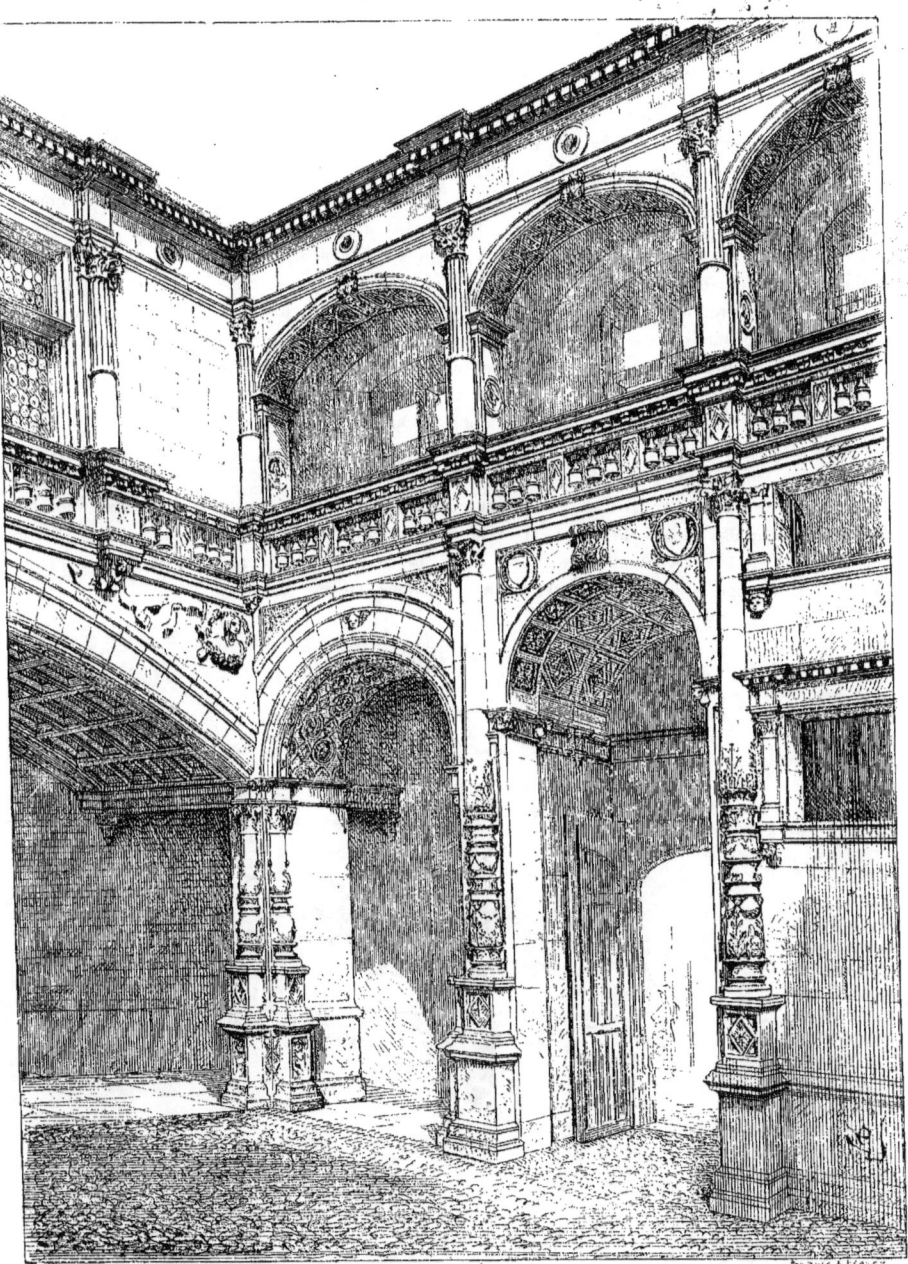

Fig. 22. — Petite Cour du Lycée de Toulouse.
Dessin de Viollet-le-Duc.

s'occuper de nouveau des travaux de l'intelligence, une modification profonde s'était faite. Les arts s'en ressentirent, et l'architecture en particulier prit une allure toute nouvelle. Aux grâces séduisantes de la Renaissance à son origine, au luxe peu réfléchi de la Renaissance à son déclin, se substitua un art empreint d'une gravité un peu fière, d'une simplicité qui n'excluait cependant ni la richesse, ni la souplesse.

C'est ce qu'on est convenu d'appeler le style Louis XIII, bien que, cette fois, la cour ne fût pas pour grand'chose dans cette rénovation. C'est alors, en effet, que naissent les grands génies qui ont illustré la première moitié de ce siècle dans les lettres comme dans les sciences et les arts. Éclat dont profita Louis XIV, mais qu'il ne sut maintenir, malgré tout son pouvoir et ses prétentions à faire une France incomparable. Louis XIV, en effet, s'embarque avec un équipage merveilleux, qu'il n'avait ni dressé ni composé; arrivé au terme de son long voyage sur la terre, que laisse-t-il? des médiocrités dans les domaines de la guerre, de la diplomatie, de la finance, des lettres et des arts. A sa mort, l'effondrement est complet et ce règne, entouré d'une auréole à sa naissance, finit dans l'hypocrisie et dans la boue.

Il faut donc jeter un regard sur le commencement de ce xviie siècle qui eût eu certainement une fin plus heureuse et plus brillante, si ce monarque fatal n'était venu imposer sa personnalité orgueilleuse et égoïste à tout un pays, après avoir usé tous les hommes si remarquables qui lui servirent de marchepied : impuissant d'ailleurs à en faire naître.

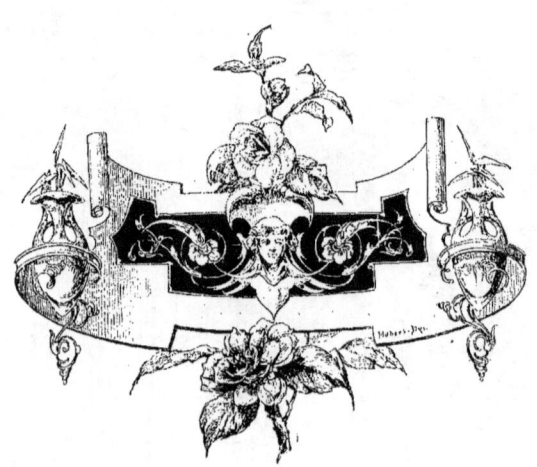

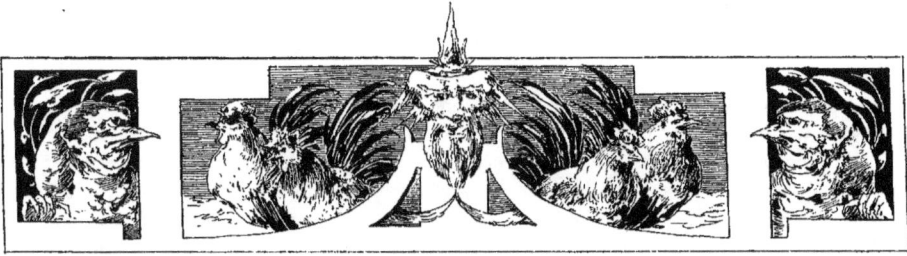

## XII

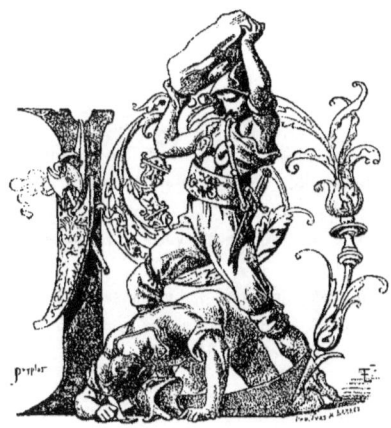

La décoration appliquée aux édifices de 1620 à 1660 est sobre, finement étudiée, et s'allie à la structure au lieu de s'étaler en dépit de ses exigences. Certaines parties du Louvre, du château de Fontainebleau, des anciennes parties de Versailles (cour de marbre) et quantité d'hôtels et de maisons de plaisance encore debout, font ressortir ces qualités. Cette fois, l'antiquité romaine, mieux connue, redonnait à l'architecture française une allure nouvelle, car les artistes, loin de l'imiter platement, s'inspiraient de ses principes plutôt qu'ils n'en copiaient l'apparence.

Mais c'est surtout dans les intérieurs que la décoration prend un caractère original, et sait se conformer aux usages, aux habitudes, au tempérament, pourrait-on dire, de la nouvelle société issue des guerres religieuses.

Les appartements dits d'Anne d'Autriche, à Fontainebleau, en partie conservés, quelques salles du palais Mazarin (Bibliothèque nationale), l'hôtel Lambert, quantité de gravures nous ont conservé des spécimens de ces décorations intérieures, si bien appropriées à l'habitation et dans lesquelles la richesse ne détruit ni l'unité ni la tranquillité de l'ensemble.

La figure 23 (voir page 61) présente un de ces spécimens, pris parmi beaucoup d'autres. Les murs sont garnis de boiseries et de panneaux de tapisserie, d'un ton généralement calme, sombre, avec rehauts de dorure. Des plafonds largement composés, soutenus par des voussures ornées de sculptures fines et d'arabesques; des portes larges et basses — ce qui est sensé, puisque la taille humaine ne dépasse pas deux mètres.

Comme motif principal, la cheminée. Des croisées hautes, bien percées pour obtenir des effets de lumière propres à faire valoir la décoration. En tout cela, quelque chose de chaud, d'intime, de tranquillisant pour les yeux; rien d'offensant, d'impertinent dans la richesse, qui sente le parvenu vaniteux. L'or réparti discrètement et non prodigué. En un mot, du goût et de la distinction; qualités françaises devenues si rares aujourd'hui dans nos édifices, qu'on se demande si nous ne sommes pas un autre peuple.

Vers la même époque, l'Italie présente de beaux motifs de décoration intérieure, mais rien qui ait cet aspect, expression si parfaite de l'habitation. Ce sont des salles plutôt faites pour donner des fêtes ou pour la montre que pour l'usage journalier. Dans ces décorations italiennes, la peinture prend presque toujours le rôle principal, sauf à Venise où, dans les palais, on trouve cette alliance si heureuse de la boiserie, de la sculpture fine qui convient au bois, et de la peinture décorative. Pendant la seconde moitié du règne de Louis XIV, l'amour du majestueux, du grandiose entraîna bientôt les artistes vers l'exagération. La sculpture dans les intérieurs prit des proportions hors d'échelle; avec cette prétention de faire grand, on tomba dans la lourdeur et l'on ne parvint souvent qu'à faire gros.

Les voussures, les plafonds se remplissent de figures colossales dans des attitudes tourmentées, si bien qu'on se demande à quel genre de torture sont condamnés ces pauvres gens demi-nus, qui sont ainsi accrochés aux corniches des pièces.

Cet art français, contenu dans ses expressions, qui ne fatigue jamais parce qu'il évite l'exagération et l'enflure, perdait sa voie et, au point de vue de la décoration des édifices, il ne l'a pas encore retrouvée. Pourquoi? Parce qu'on ne s'est plus préoccupé des principes qui régissent toute forme architectonique, indépendamment du style adopté, ou plutôt, parce qu'on a prétendu trouver un art décoratif indépendant de l'architecture proprement dite, parce que l'architecte en est arrivé à admettre qu'après avoir fait le corps il pouvait le vêtir n'importe comment.

L'enseignement académique, loin de réagir contre cette tendance, n'a cessé d'y pousser, en prétendant inaugurer un art officiel qui désormais n'aurait plus à tenir compte des conditions imposées au constructeur et qui se produirait sous cette forme officielle à Marseille comme à Paris, à Lyon comme à Toulouse.

Il fut décidé que l'enseignement ne se préoccuperait plus que d'enseigner *une* architecture, non l'architecture.

Le Brun sert de transition entre le système décoratif appliqué encore avec tant de bonheur et de goût au commencement du xvii$^e$ siècle et le style boursouflé de la fin de ce même siècle. Ses conceptions ont parfois un grand air et une certaine sobriété dans les premières œuvres qu'on connaît de lui, bien que celles-ci soient très inférieures, à mon sens, aux décorations vénitiennes de la même époque.

L'air, l'espace, manquent dans les décorations composées par Le Brun; mais cependant on ne peut nier qu'il n'y ait là dedans un souffle puissant et une science étendue de l'effet, une fois le système admis. Cela toutefois, ne repose pas les yeux, inquiète l'esprit par l'exagération de l'échelle, du modelé, et par l'intensité des tons trop souvent lourds et durs.

Sous la Régence, il y eut réaction contre le style visant au majestueux de la fin du règne de Louis XIV; mais l'art de décorer les formes de l'architecture ne se releva pas pour cela. Les compositions décoratives du règne de Louis XV ont une élégance incontestable, surtout lorsqu'il s'agit des intérieurs; mais c'est un art de boudoir qui tend à envahir les salons. Cela n'est pas fait pour les édifices publics. C'est le marivaudage introduit dans les arts plastiques.

A la fin du xviii$^e$ siècle, il y eut encore une tentative de retour vers un art mieux approprié

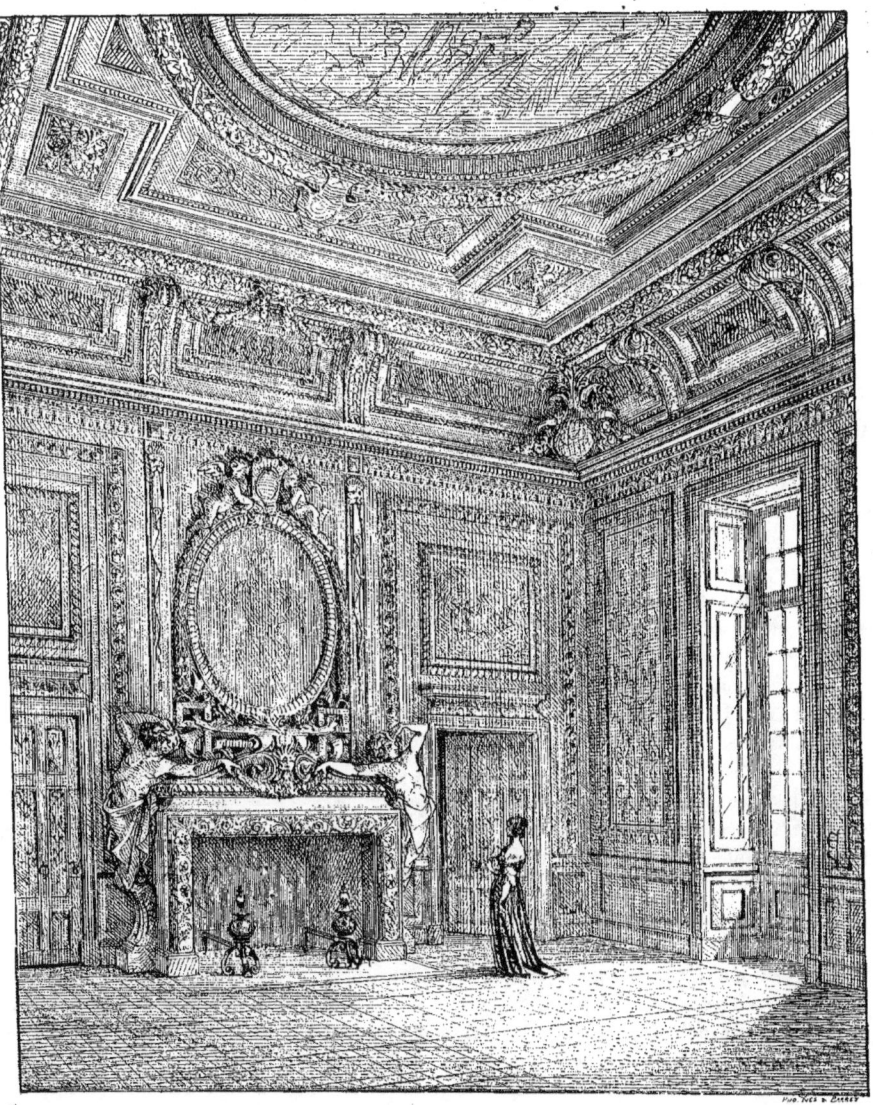

Fig. 23. — Salon français. Commencement du XVIIe siècle.
Dessin de Viollet-le-Duc.

à la nature des édifices. Ce n'était qu'une tentative ; et les académies n'étaient pas de force à la faire aboutir.

Car il est à remarquer que si les académies ont été, à l'origine, fondées pour conserver certaines traditions, pour introduire une sorte d'hiératisme officiel dans les différentes expressions de l'art, elles n'ont jamais été, de fait, que les humbles servantes de la mode acceptée par un pouvoir suprême quel qu'il fût ; si elles tendent à asservir l'artiste, elles sont elles-mêmes les complaisantes de ce pouvoir. Institution de cour, les académies sont faites pour suivre les goûts de la cour, pour leur donner une sorte de consécration.

A la fin du règne de Louis XIV elles marchent sur les pas du surintendant Le Brun. Sous Louis XV, on ne leur voit faire nul effort pour relever l'art gracieux, mais mou et appauvri de cette époque. Vers la fin du XVIII° siècle, ce n'est pas d'elles que part le mouvement de réaction, que les Gabriel, les Antoine, les Louis ont tenté non sans succès.

Sous le consulat et le premier empire, elles abandonnent sans scrupule les belles traditions de l'époque de leur fondation pour inaugurer ce faux goût antico-classique tombé bientôt, et avec raison, dans le discrédit. Plus tard, loin de profiter des quelques ferments de rénovation que le romantisme essayait d'introduire dans l'art — avec plus d'ardeur que de savoir peut-être, mais ce n'en était pas moins un filon qu'on eût pu exploiter, — elle étouffe ces aspirations pour suivre la voie banale et médiocre que traçait le règne de Louis-Philippe. Sous le second empire, nous voyons les académies boudeuses, en apparence, pousser cependant les arts dans ces orgies de luxe insolent et grossier qui se sont étalées sous nos yeux à Paris comme un défi jeté à l'esprit français.

Jamais elles n'ont dirigé ; toujours elles ont profité des tendances de la mode partie du sommet, en les exagérant et en se faisant les ministres du culte nouveau, sauf à le renier le lendemain, si le pouvoir changeait d'allures.

Si on les voit s'élever contre quelque chose, c'est contre cette tendance de l'esprit français vers la clarté, vers la raison, le sens droit et logique.

Depuis le jour de l'installation des académies, l'art français a été ballotté sans cesse, mais il n'a pas progressé dans le sens général du mot ; nous n'avons plus vu naître ces artistes à la fois architectes, sculpteurs et peintres qui savaient appliquer les trois arts plastiques à un ensemble ; qui, s'ils ne pratiquaient qu'un seul de ces arts, connaissaient assez cependant les autres, pour les pouvoir allier tous trois dans leurs conceptions. L'architecte ne s'est plus préoccupé de savoir si la place qu'il donnait au peintre et au sculpteur était propre à faire concorder les œuvres du sculpteur et du peintre vers une pensée commune.

Le peintre a songé à son *tableau* sans se soucier de ce qui l'entourait. Le sculpteur n'a eu d'autre idée que d'attirer les regards sur son œuvre, dût-il coudoyer rudement l'architecte et effacer le peintre.

Dans ces conditions, la décoration des édifices est-elle possible ? Ne doit-elle pas composer le plus étrange amalgame d'amours-propres ou, si l'on veut, de talents discordants ?

A quoi donc a servi la tutelle académique sous laquelle on nous contraint encore de vivre ? Quelle gloire a-t-elle apportée à l'art français ? Et s'il est arrivé parfois à l'Académie des beaux-arts d'appeler dans son sein des talents hors ligne, était-ce elle qui les avait formés ? Non, elle les avait combattus. Mais qui sait combien elle en a dû étouffer ?

Ma conclusion ne sera pas longue. Il n'y a que deux modes d'existence pour l'art : l'hiératisme et la liberté. L'hiératisme est fatalement entraîné vers la décadence irrémédiable. La liberté peut avoir des écarts, des moments de splendeur et d'éclipse, mais elle se relève toujours, si bas qu'elle soit tombée, plus jeune et vivace.

Et quand il s'agit de la concordance à établir entre des branches de l'art, de l'harmonie intime qu'exige la décoration appliquée à l'architecture parmi ces expressions diverses du génie humain, la discussion, la critique, l'examen, la recherche des moyens, la connaissance des effets, l'appel à la raison sont nécessaires. Or, c'est ce dont on se préoccupe le moins dans l'enseignement officiel donné à l'École des beaux-arts, placé sous la direction académique, pour notre malheur.

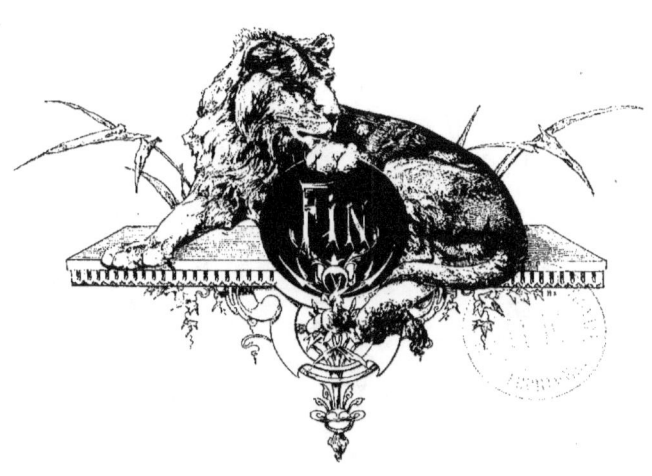

PARIS. — IMPRIMERIE DE L'ART

E. MOREAU ET Cie, 41, RUE DE LA VICTOIRE

www.ingramcontent.com/pod-product-compliance
Lightning Source LLC
Chambersburg PA
CBHW070213230526
45471CB00002B/943